On Disgust

숙명여자대학교 인문학연구소
HK+사업단 학술연구총서 04

혐오의
현상학

배리 스미스 · 캐롤린 코스마이어 엮음

아우렐 콜나이 지음

하홍규 옮김

한울
아카데미

On Disgust

by Aurel Kolnai

edited and with an introduction by Barry Smith and Carolyn Korsmeyer

차례

회피 감정의 기본 양식: 두려움, 혐오 그리고 증오

아우렐 콜나이

서문

이 책에는 아우렐 콜나이(Aurel Kolnai)의 두 작품이 수록되어 있다. 긴 글인 「혐오」는 영어로는 이 책으로 처음으로 출판된다. 이 글은 1927년에 쓰였고, 원래 1929년에 후설(Husserl)의 ≪철학과 현상학 연구 연보(*Jahrbuch für Philosophie und phänomenologische Forschung*)≫ 10호로 발행되었다. 곧이어 같은 해 말 오르테가 이 가세트(Ortega y Gasset)는 이 글을 스페인어로 번역하여, 그가 펴내는 저널인 ≪서구 비평(*Revista de Occidente*)≫에 실었다. 1974년에는 독일어로 재발행 되었으며 아직도 절판되지 않았고〔Moritz Geiger / Aurel Kolnai, *Beiträge zur Phänomenologie des ästhetischen Genusses / Der Ekel*(Max Niemeyer, 1974)〕, 프랑스어로도 번역되었다〔*Le dégoût*, translated by Olivier Cossé (Paris: Agalma, 1997)〕.

「혐오」의 현재 번역본은 여러 단계를 거쳤다. 이 책에 실린 것은 콜나이의 부인 엘리자베스가 초역한 것을 전반적으로 수정한 것이다. 또한 엘리자베스 곰브리치(Elizabeth Gombrich)가 작성한 초기 번역본에서 일부 달리 읽어낸 부분을 참작했다. 그녀는 미술사학자인 오빠 에른스트 곰브리치(Ernst

Gombrich)와 함께 콜나이처럼 오스트리아에서 영국으로 건너온 이민자였다. 1982년에 사망하기 전 엘리자베스 콜나이는 배리 스미스(Barry Smith)와 함께 추가적인 번역 작업을 했으며, 그에게 출판사를 찾아보도록 권했다. 그는 그 글의 일부를 다시 수정하고 재번역했다. 이 책의 편집자들은 콜나이의 철학적 언어에 내포된 주제의 기술적 세부 사항과 현상학 용어에 충실해야 한다는 요구에 주의를 기울이면서, 그의 사상을 관용적인 영어로 바꾸려고 노력했다.

1973년에 세상을 떠나기 몇 해 전 콜나이는 런던 동료들의 요청으로 이 책에 실린 더 짧은 글인 「회피 감정의 표준 양식: 두려움, 증오, 그리고 혐오」를 썼다. 이 글은 1998년에 저널 ≪마인드(Mind)≫에 출간되었다. 콜나이가 철학자로서의 오랜 경력 동안 이러한 회피 감정들에 대한 기본적 평가를 고수했다는 것은 분명하다. 초기의 글은 더 광범위하며, 혐오에 대한 분석이 더 상세하게 설명되어 있다. 혐오, 두려움, 그리고 증오 사이의 비교는 나중에 쓰인 글에서 더 직접적이고 간결하게 표명되어 있다. 이 두 글은 함께 혐오에 대한 콜나이의 통찰력 있고 독창적인 철학적 관점을 전체적으로 보여준다.

52쪽에 있는 콜나이의 사진은 「혐오」가 처음 출간된 지 불과 몇 년 후인 1935년경 빈(Vienna)에서 찍은 것이다. 134쪽에 있는 콜나이의 사진은 1941년경 그가 미국에 입국할 때 찍은 신분증 사진이다. 두 사진 모두 프랜시스 던롭(Francis Dunlop)의 친절한 허락으로 이 책에 실리게 되었다.

우리는 아우렐 콜나이의 유작 관리자인 데이비드 위긴스(David Wiggins) 교수와 버나드 윌리엄스(Bernard Williams) 교수에게 「혐오」의 현재 번역본을 출판할 수 있도록 허락해 준 것에 대해 감사하고 싶다. 특별히 콜나이의 삶과 저작에 대해 조언해 준 프랜시스 던롭에게 고마움을 느낀다. 그리고 이 책의 색인을 작성해 준 앤드류 스피어(Andrew Spear)에게 감사의 뜻을 표한다. 또한 수잔 커닝엄(Suzanne Cunningham), 로랜 스턴(Laurent Stern), 프란체스카 머피(Francesca Murphy), 케빈 멀리건(Kevin Mulligan), 앤드류 커닝엄(Andrew Cunningham), 토니 모울송(Tony Moulesong), 그리고 아일린 맥나마라(Eileen McNamara)에게 감사의 뜻을 전한다. 콜나이의 글 「회피 감정의 표준 양식」은 옥스퍼드 대학교 출판사의 허락을 받아 ≪마인드≫로부터 재출판되는 것이다.

On Disgust

본능적 가치

아우렐 콜나이의 혐오에 대하여

배리 스미스·캐롤린 코스마이어

❖

혐오는 강력하고 본능적인(visceral, 뱃속으로부터의) 감정이다. 혐오는 일부 이론가들이 메스꺼움, 구역질, 그리고 깜짝 놀란 반응과 같이 비자발적인 반동에 더 가깝다고 생각하면서 완전한 의미에서 하나의 감정으로 분류하는 것조차 주저해왔을 정도로 신체 반응에 깊이 뿌리를 두고 있다. 이와 같이 혐오는 회피적 반응이며 신체의 보호 메커니즘들 가운데 속한다. 혐오는 더럽고, 독성이 있으며, 그래서 위험한 것과의 접촉을 억제함으로써 유기체의 안전을 보장하는 데 도움을 준다. 그러나 이 모든 신체적 반응과의 연관성에도 불구하고, 혐오는 또한 우리의 사회적·문화적 실재를 창조하고 유지하는 데 작용하는 감정이다. 혐오는 우리가 가치의 위계를 파악하고, 도덕적으로 민감한 상황에 대처하며, 문화적 질서를 분별하고 유지하는 데 도움이 된다. 혐오를 유발하는 객체의 성향이 그것을 비방하기에 충분한 근거가 될 수 있다는 점을 고려해 보면, 혐오의 반동은 너무 강해서 감정 자체가 혐오의 대상에 대한 도덕적 비난을 정당화하는 것처럼 보일 수 있다. 동시에 그 감정이 빠르고 반동적이라는 사실은 혐오가 유발되는 이유에 대한 반성을 유도함으로써 이러한 근거들을 상쇄시키는 역할을 할 수도 있다. 따라서 혐오의 경험은 도덕적 관점을 근거로 하며, 동시에 그 관점의 타당성에 의구심을 제기한다. 그러므로 혐오는 원인이 명백하고 의미가 투명한 단순하고 본능적인 반응이 결코 아니다.

어떤 면에서 혐오는 더 자연스러운 감정적 반응들 가운데 하나로 보인다. 그것은 예를 들어 얼굴 표정과 제스처와 같은 특징적인 표현이 문화에 따라 변하지 않는 몇몇 기본 감정 가운데 하나이다.[1] 또한 혐오를 유발하는 대상들은 – 시체, 벌어진 상처, 기어 다니고 우글거리는 구더기와 같이 썩고 부패하는 것들, 오염되고 오염시키는 것들, 그래서 불결함 및 위험과 연관된 것들 – 상당히 일정한 범위를 가지고 있다. 하지만 구체적인 혐오의 촉발 요인은 곳곳마다 분명히 다르다. 무엇보다도, 먹을 수 있는 것들의 세계는 혐오스러워 보일 수 있는 대상들의 명확한 사례를 제공한다. 하지만 전 세계에 걸쳐 그리고 심지어 다른 시기에 같은 개인에게서도 존재하는 음식 선호와 식용 가능성 기준의 차이는 맛과 혐오의 유연성을 입증하는 증거를 제공한다. 한 식탁에서 혐오스럽다고 여겨지는 것이 다른 식탁에서는 맛있다고 여겨진다. 따라서 혐오에 나타나는 반응적이고 신체적인 요소들이 무엇이든지 간에, 혐오는 매우 복잡한 심리를 가진 감정이며, 독소를 섭취함으로써 발생하는 위험에서 빠르게 보호해 주는 메커니즘으로만 간단히 분류될 수 없는 감정이다. 그것은 사실 고도의 인지적 감정으로서, 다른 방법으로는 쉽게 얻을 수 없는 외부 세계의 특징들에 대한 정보를 제공하며, 또한 우리 내면의 정신적 삶의 복잡성과 그림자에 대한 무언가를 드러낸다.

21세기가 시작되는 이 시점에 혐오에 대한 철학적 논의는 증가하고 있다. 로버트 솔로몬(Robert Solomon), 마사 너스바움(Martha Nussbaum), 로렌스 블룸(Lawrence Blum), 패트리샤 그린스팬(Patricia Greenspan), 버나드 윌리엄스(Bernard Williams) 그리고 버지니아 헬드(Virginia Held)와 같은 사상가들의 저작에서 나타나는 감정에 대한 관심의 부활과 도덕적 이해에 대한 감정의 기여는 철학적 지평에서 거의 도드라지지 못했던 주제에 대한 진지한 논의로

---

1 Paul Ekman and W. V. Friesen, *Unmasking the Face: A Guide to Recognizing Emotions from Facial Expressions*(Englewood Cliffs: Prentice Hall, 1975). 〔폴 에크만 외, 『언마스크, 얼굴 표정 읽는 기술』, 함규정 옮김(서울: 청림출판, 2014)〕.

이어졌다. 아우렐 콜나이가 현상학 운동의 기관지인 후설의 ≪철학과 현상학 연구 연보(*Jahrbuch für Philosophie und phänomenologische Forschung*)≫에 그의 글 「혐오(*Der Ekel*)」를 발표했을 때, 그는 진정으로 혐오가 "심하게 무시되는" 주제였다고 주장할 수 있었다. (콜나이의 관련 문헌 조사는 체계적이라기보다는 인상주의적이었던 것으로 보이지만, 콜나이의 글 마지막에 나오는 참고문헌 목록은 그가 끌어낼 수 있는 자원이 얼마나 부족했는지를 보여준다.)[2] 40년 후 더 짧은 그의 글 「회피 감정의 표준 양식: 두려움, 증오, 그리고 혐오」는 여전히 가장 세밀하게 연구되지 않은 정신 현상들 중 하나로 남아 있었던 이 감정에 대한 많은 철학적 관심을 앞서고 있다.[3] 그러나 이제 철학자, 심리학자, 그리고 문화 역사가가 감정 일반뿐만 아니라 좀 더 구체적으로 혐오와 혐오의 동류인 두려움, 경멸, 공포, 증오를 포함하는 여러 교란하는 회피 감정들로 관심을 돌리면서 이러한 상황은 변하고 있는 것으로 보인다.

콜나이의 글은 이러한 새로운 학문적 배경에 비추어보면 놀랍게도 예지력이 있는 것으로 보인다. 정말로, 그가 1920년대에 사실상 단독으로 시도했던 그 분석은 윌리엄 이언 밀러(William Ian Miller)의 포괄적인 『혐오의 해부(*The Anatomy of Disgust*)』와 같은 최근 저작들과 또한 노엘 캐롤(Noël Carroll), 신시아 프리랜드(Cynthia Freeland), 줄리아 크리스테바(Julia Kristeva)가 제공하는 것들과 같은 영화와 문학에서 촉발되는 공포의 감정적 요소에 대한 미학적 분석들과 비견된다.[4] 가장 중요한 것은, 콜나이의 저작이 회피

---

2   혐오의 철학적 탐구에 대한 더 많은 목록은 빈프리트 메닝하우스(Winfried Menninghaus)의 'Ekel,' *Ästhetische Grundbegriffe*, 2권(Stuttgart, Weimar: Verlag J. B. Metzler, 2001), p.142~177에서 제공된다.
3   이 글은 대략 1969~1970년에 쓰였지만, 1998년에야 저널 ≪마인드≫에 출간되었다. 이 책의 156쪽에 재출간된 글에 대한 데이비드 위긴스의 '후기'를 보라.

감정의 구체적인 내용들에 대한 생생한 논의로 움트고 있는 철학적·심리학적 감정 연구를 보충하고 있다는 것이다. 그의 고유한 접근법은 그의 현상학 배경에서 발전해 나온 것이며, 방법론적으로 후설 및 마이농(Meinong)과 같은 철학자들의 연구와 가장 가깝다. 후설과 마이농처럼, 콜나이는 때때로 이해하기 어려운 복잡한 문체로 글을 쓴다. 반면에, 그의 상세한 개념적 분석은 어떠한 일반적인 체계에 의해서도 짓눌리지 않으며, 콜나이가 그의 말년에 둥지를 튼 분석 철학자들의 방법들과 잘 어울린다. 더욱이, 콜나이는 혐오의 척력(斥力)뿐만 아니라 매력에도 민감하며, 그의 통찰력은 정신분석학의 일부 관찰과 딱 들어맞는다. 그가 불과 20세였을 때 출판된 콜나이의 첫 번째 저서인 『정신분석학과 사회학(*Psychoanalysis and Sociology*)』[5]은 사실상 프로이트 사상의 사회적·정치적 적용에 대한 연구였으며, 콜나이 자신은 국제심리학회(the International Psychological Association)의 회원이었다. 그는 「혐오」를 쓰기 바로 전인 1925년에 정신분석학을 그만두었다.

정신분석학은 물론 혐오 현상을 결코 무시하지 않았던 몇 안 되는 학파 중 하나이다. 콜나이의 저작은 그래서 현상학과 분석철학 사이뿐만 아니라 감정에 대한 철학적 연구와 심리학적 연구 사이의 가교 역할을 하고 있

---

4 William Ian Miller, *The Anatomy of Disgust*(Cambridge, MA: Harvard University Press, 1997). 〔윌리엄 이언 밀러, 『혐오의 해부』, 하홍규 옮김(파주: 한울아카데미, 2022)〕; Noël Carroll, *The Philosophy of Horror*(New York: Routledge, 1990); Cynthia Freeland, *The Naked and the Undead*(Boulder: Westview, 2000); Julia Kristeva, *The Powers of Horror*, translated by Leon S. Roudiez(New York: Columbia University Press, 1982). 〔줄리아 크리스테바, 『공포의 권력』, 서민원 옮김(서울: 동문선, 2001)〕.

5 *Psychoanalyse und Soziologie*(Vienna/Leipzig: Internationaler Psychoanalytischer Verlag, 1920). 콜나이는 부분적으로 셸러(Scheler)의 영향을 받은 결과로 프로이트로부터 멀어졌던 것으로 보인다.

으며, 이런 이유뿐만 아니라 그의 사상의 본질적인 관심 때문에도 콜나이의 「혐오」는 오늘날 세밀하게 읽을 가치가 있다.

콜나이의 생애

아우렐 콜나이는 1900년에 당시 오스트리아-헝가리 제국의 수도 가운데 하나였던 부다페스트에서 태어났다. 그는 자유주의적이고 세속적인 유대인 가정에서 아우렐 슈타인(Aurel Stein)으로 태어났지만, 1918년에 콜나이로 성을 바꿨다. 이것은 아마도 영토가 줄어든 새로운 헝가리 국가에서 유대인이라는 것이 (아직 신체적이지는 않더라도) 이데올로기적인 표적이 되는 것을 의미할 수 있기 때문이었을 것이다. 1920년에 콜나이는 빈으로 옮겼고, 그곳에서 아버지의 자금 지원을 받아 프리랜서 작가 및 편집자로서 생계를 유지했다. 2년 후, 그는 빈 대학교에서 철학과 학생으로 등록했는데, 그곳에서 하인리히 곰페르츠(Heinrich Gomperz), 모리츠 슐리크(Moritz Schlick), 펠릭스 카우프만(Felix Kaufmann), 칼 뷜러(Karl Bühler), 루드비히 폰 미제스(Ludwig von Mises) 등이 그의 선생이었다. 나중에 그는 프란츠 브렌타노(Franz Brentano)의 사상과 브렌타노의 제자였던 에드문트 후설(Edmund Husserl)의 현상학에 끌리게 되었고, 1928년 여름 잠시 프라이부르크에서 후설의 지도로 공부했다.

콜나이는 이른바 실재론적인 뮌헨학파 현상학자들의 사상, 특히 그가 1924년에 처음 읽었던 뮌헨학파의 가장 저명한 인물인 막스 셸러(Max Scheler)의 저작에 각별하게 주목했다. 콜나이는 일찍이 기독교에 이끌렸으며, 셸러의 가톨릭주의는 영국 작가 체스터튼(G. K. Chesterton)의 작품들처럼 가톨릭 종교에 대한 그의 관심을 강화시켰던 것으로 보인다. 콜나이는 1926년 빈 대학교를 졸업하던 바로 그날 가톨릭 교인으로 받아들여졌다.[6] 아마도 그의 빈 시절의 가장 영향력 있는 작품은 그의 책 『서방과의 전쟁 (The War Against the West)』이었을 것이다. 그 책은 검열의 대상이 되는 문헌들을 쉽게 구할 수 있었던 빈의 나치 언더그라운드의 카페들에서 콜나이가 썼던 것으로 국가 사회주의의 철학적·이념적 저작들을 비판하는 광범위하고 열정적인 논평이었다.[7]

콜나이는 1937년까지 빈에 머물렀다. 당시 그는 히틀러 제국의 팽창에 따른 위험을 점점 더 의식하면서 때때로 파리에 거주했다. 1940년 아내 엘리자베스와 결혼한 직후, 둘은 스페인과 포르투갈을 거쳐 피난하여, 처음에는 미국으로 그러고 나서 최종적으로 캐나다로 이주하는 데 성공했다. 아우렐은 퀘벡시에 있는 라발(Laval) 대학교에서 철학을 가르치는 첫 번째 직위를 얻었다. 10년 후 콜나이는 영국에 도착하여 런던 대학교의 베드포드 칼리지(Bedford College)에서 '방문 교수'로서 파트타임 직위를 맡았다. 콜나이의 후기 저작들은 무어(G. E. Moore) 스타일의 영국의 상식(常識) 철학과 뮌헨의 실재론적 현상학자들에 의해 발전된 철저한 철학적 기술(記述) 유형의 흥미로운 조합을 보여준다. 콜나이는 평생 그의 영국 애호적인 가톨릭 배경뿐만 아니라 독일보다는 오스트리아식 사고방식의 뿌리를 드러내는 방식으로 헤겔이나 마르크스 스타일의 철학적인 거대 체계에 대해서는 회의

---

6   그의 개종과 그의 신학의 여러 측면은 그의 사후 출판된 회고록 4장에 묘사되어 있다. Aurel Kolnai, *Political Memoirs*, Francesca Murphy(ed.), Lanham: Lexington Books(1999).

7   *The War Against the West*(London: Gollancz; New York: Viking, 1938). 콜나이는 『정치적 회고(*Political Memoirs*)』, 특히 7, 8, 10장에서 국가 사회주의에 대한 자신의 경험을 서술한다.

적이었다.[8]

콜나이의 지적 맥락

　감정과 감정의 대상에 대한 그의 일반적인 접근에서, 콜나이는 다양한 유형의 경험에서 작용하는 지향성의 유형과 그로 인해 드러나는 대상의 본질에 초점을 두는 현상학적 방법을 따른다. 지향성(intentionality)은 - 실제적이든 허구적이든 - 대상을 향하는 정신적 방향성(directedness)이며, 그럼으로써 대상은 '지향된 대상'이 된다. (이 용어의 철학적 사용에 익숙하지 않은 독자들은 의도를 뜻하는 'intention'의 일상적인 의미와 브렌타노가 제안한 철학적 의미를 혼동하지 않는 것이 중요하다.[9] 그것은 콜나이가 지속적으로 사용하는 철학적 용법이다.) 마이농과 셸러 같은 선배들처럼, 그는 정서적 반응은 인간 정신이 세계의 특정한 성질, 더 중요하게는 대상의 가치나 부정적 가치에 관련되는 성질을 이해할 수 있게 해주는 수단이라고 가정한다.

　브렌타노와 그의 후계자들에 따르면, 지향성은 우리의 정신적 경험의 특징인 '대상을 향해 있음'을 의미한다. 그러나 이 간단한 구절은 대상들이 존재하지 않을 때도 (예를 들어, 우리가 오류를 범하거나, 소설 작품에 묘사된 대상들에 빠져 있을 때) 우리가 대상들을 향해 있을 수 있다는 사실 때문에 많은 문제를 숨기고 있다. 게다가, 우리가 어떤 대상을 향해 지향되어 있는지 아닌

8　Barry Smith, *Austrian Philosophy: The Legacy of Franz Brentano*(Chicago: Open Court, 1994)를 보라.

9　Franz Brentano, *Psychology from an Empirical Standpoint*(1874), Linda L. McAlister(ed.), New York: Humanities Press(1973).

지 여부는 단순한 양자택일의 사태가 아니다. 그래서 살인자를 좇는 형사는 (내가 어제 인터뷰한 남자, 시체 옆에서 발견된 단검의 소유자 등과 같이) 상이한 정신적 경험을 따라 동일한 대상에 ─ 이 대상들이 동일하다는 사실을 인식하지 못한 채 ─ 지향되어 있을 수 있다. 브렌타노는 특히 지각, 판단, 사랑, 증오 등에 관여되는 다양한 유형의 지향적 방향성에 관심이 있었다. 그는 우리의 정신적 삶의 범주들에 대한 완전한 목록을 제공하는 것을 철학의 목적으로 여겼다. 마이농은 브렌타노의 목적을 확장하여 사람들 마음속의 사건으로서의 정신적 행위뿐만 아니라 정신적 경험의 대상들에도 적용했다고 말할 수 있다. 마이농은 그의 '대상 이론'에서 다양한 종류의 모든 대상, 즉 존재하는 것과 존재하지 않는 것, 실제적인 것과 가능한 것 모두의 목록을 제공하려고 한다. 가장 영향력 있는 현상학자 에드문트 후설은 기술 심리학(descriptive psychology)과 기술 존재론(descriptive ontology)을 결합하는 단일한 학문 내에서 브렌타노와 마이농의 두 가지 상호 보완적인 관심사를 함께 묶으려고 한다.

우리가 콜나이의 저작을 이해하려고 하는 것이 바로 이런 배경에서이다. 후설과 콜나이 둘 다 한편으로 정신적 행위의 구조와 다른 한편으로 대상의 구조 사이에 특정한 지적 상관관계가 있다고 주장한다. 따라서 우리는 색깔을 보고 소리를 들으며, 이러한 상이한 종류의 대상들에게 지향되어 있는 우리의 행위 구조를 반성함으로써 또한 이 대상들 자체에 의해 현시되는 본질적인 구조에 대한 결론을 도출할 수 있다.

후설의 현상학적 방법을 받아들인 첫 번째 철학자 그룹은 20세기가 시작될 때 뮌헨에 함께 모였다. 이 그룹의 1세대에는 막스 셸러, 알렉산더 펜더(Alexander Pfänder), 모리츠 가이거(Moritz Geiger), 아돌프 라이나흐(Adolf Reinach)가 속하며, 2세대에는 디히트리히 폰 힐데브란트(Dietrich von Hildebrand), 최근에 정전화(正典化) 된 에디트 슈타인(Edith Stein), 아우렐 콜나이, 폴란드의 현상학자이자 미학자인 로만 잉가르덴(Roman Ingarden)이 속한다. 〔잉가르덴의 영향의 결과로서 뮌헨학파가 20세기 후반까지 지속되었던 곳이 특히 폴란드였으며, 이 학파의 3세대 구성원 중 하나가 카롤 보이티와(Karol Wojtyła) 교황 요한 바오로 2세이다.〕

뮌헨의 철학자들은 후설의 사상이 지금까지 철학에 의해 탐구되지 않았던 존재론적 구조의 새로운 영역을 연구할 수 있게 해주었다고 믿었다. 후설 자신도 그의 『논리 연구(*Logical Investigations*)』에서 이 방법을 지각 및 판단 행위의 구조와 상응하는 대상들의 구조에 적용했다. 뮌헨의 현상학자들은 이 방법을 다른 영역들로 확장했는데, 1913년 후설의 ≪연보(*Jahrbuch*)≫ 제1권으로 출판된 저서로 「민법의 선험적 기초(*The A Priori Foundations of Civic Law*)」에서 우리가 **약속**이라고 부르는 다양한 의사소통적 언어-사용의 존재론적 구조를 기술했던 아돌프 라이나흐의 저술에서 가장 인상적으로 이루어졌다. 그렇게 함으로써, 라이나흐는 후에 언어 행위(speech acts) 이론으로 알려지게 된 것을 예견했다. 그는 우리가 서로 다른 종류의 행위를 수행하기 위해 언어를 사용하는 상이한 방식들을 열거하며, 이러한 행위들이 어떻게 해서 예를 들어 약속이 상호 연관된 주장과 의무를 낳는 방식으로 구체적인 법적·윤리적 결과를 갖게 되는지를 지적한다.

현상학 운동의 역사에서 뮌헨학파의 중요성은 후설이 ≪철학과 현상학 연구 연보≫(전쟁 후 미국에서 ≪철학과 현상학 연구≫라는 제목으로 재창간된 저널) 제1권을 출판했던 1913년에 그의 편집 위원회가 정확하게 뮌헨학파의 주요 인물, 즉 셸러, 펜더, 가이거, 라이나흐로 구성되어 있었다는 사실에서 알 수 있다. 이 책에는 약속에 대한 라이나흐의 저작 외에도 후설의 현상학적 방법을 가치 영역에 적용한 「윤리에 있어서 형식주의와 물질적 가치 윤리(Formalism in Ethics and Material Value Ethics)」라는 제목의 셸러의 긴 논문이 실려 있다. 뮌헨학파의 구성원들은 연이어서 인간 경험 및 연관된 대상계의 서로 다른 영역들을 취하여 현상학적 탐구의 대상으로 삼았다. 예를 들어, 잉가르덴은 그 방법을 예술 작품의 세계에서 우리의 미적 경험과 연관 구조들에 적용했다.

뮌헨학파의 가장 악명 높은 멤버이자 가장 영향력 있는 구성원은 막스 셸러였다. 누구보다도 『존재와 시간(Being and Time)』에서 하이데거(Heidegger)가 뮌헨학파의 방법과 같은 것을 채택하게 하는 데 책임이 있는 이가 바로 셸러였다. 『존재와 시간』도 후설의 ≪연보≫에 처음으로 출간되었으며, 우리는 거기서 우리의 일상적인 작업 활동, (타자, 의자, 스푼, 포크, 신발, 벽돌 등의) 도구 또는 장비의 세계와 상호 연관된 대상들의 세계에 대한 현상학적 탐구를 발견하게 된다. 셸러는 사고가 논리의 인지적 기초를 제공하는 것과 같은 종류의 방식으로 감정이 윤리의 인지적 기초를 제공하는 데 기여한다는 사상을 발전시켰다. 사고가 사실이라고 불리는 특정한 다른 실체를 알게 되는 방식인 것처럼, 감정은 가치라고 불리는 특정한 실체를 알게 되는 방식이다. 〔이러한 연관 속에서 파스칼의 '마음의 논리' 개념과 더 최근의 분석철학에서 우리는 감정을 통해 가치론적 속성을 인식한다는 드 수자(De Sousa)의 주장을 비교하라.[10]〕셸러에게 감정은 절대적으로 그리고 문제 삼을 것도 없이 가치에 민감하다. 셸러는 감정이 지식에 이르는 통로 또는 원천으로서 사고와 동등한 권리가 부여되어야 한다고 주장했다. 따라서 그는 현상학적 방법을 특히 후설에 의해 적용되었던 지적인 세계에서 더 '직관적인' 느낌과 감정의 영토로 확장했다.[11] 그래서 그의 현상학은 아마도 우리가 후설과 연관시킬 수도 있

---

10 Ronald De Sousa, *The Rationality of Emotion*(Cambridge, MA: MIT Press, 1987).

는 데카르트적인 '주지주의적' 현상학과 대조적으로, 그의 눈에는 인간 경험 세계의 고유한 가치와 의의를 파악할 수 있는 철학하기의 방법이다. 우리는 계획하여 주지주의적인 방식으로 이러한 의미나 가치를 관찰하려 할 수도 없고, 이러한 것들에 대한 이론을 세우기 위해 논리와 과학의 도구를 사용 하려고 할 수도 없다. 그런 종류의 실체를 관찰하기 위해 논리나 사고를 사 용하려면 이미 그것들을 파악하고 있어야 하며, 우리가 그것들을 파악할 수 있는 유일한 길은 감정과 직관 또는 사랑과 증오를 통해서이기 때문이다. 콜나이는 혐오에 대한 논의에서 세계를 드러내는 감정의 능력에 대한 이러 한 믿음을 반영한다.

그러나 콜나이가 그의 글의 맨 처음에 현존재(Dasein)와 상존재(相存在, Sosein) 사이를 구분함으로써 자신의 주제를 소개할 때 기대는 것은 바로 마이농의 용어이다(마이농은 대상의 존재와 그 대상의 특징, 즉 상존재를 구분한다. 독일어에 서 so는 '그렇게', '그대로', '그 정도로'라는 뜻을 가지고 있다. 따라서 Sosein은 '그러한 존재', '그리 있음'이다. 상존재는 존재의 우연적 속성으로 이러저러하게 있음을 뜻한 다. 예를 들어, 기하학적 대상은 실제로 있는 것은 아니지만, 그럼에도 불구하고 어 떤 속성들을 가진다. 이 그 속성들이 바로 그 대상의 이러저러하게 있음이다 ─ 옮긴 이). 하이데거에 의해서도 사용된 용어인 현존재(하이데거는 존재 이해를 가지 고 있으면서 스스로 자기 자신의 존재를 문제 삼는 존재자를 '현존재'라고 한다. 즉, 인

---

11 셸러의 사고의 특징은 '높은' 가치와 '낮은' 가치의 상이한 서열 또는 등급에 대한 관념이었 다. 그중에서도 그는 다양한 형태의 엘리트주의를 방어하기 위해 이 개념을 사용했다. 그 의 전쟁에 대한 찬사는 또한 그가 독일 문화의 높은 가치로 보았던 것을 수호하는 임무를 맡은 정예 군사 기관으로서 프로이센 군대에 대한 찬사이다. 그의 종교에 대한 저술들은 또한 영국의 계산적인 정신으로부터 인류를 구원하도록 운명 지어진 엘리트 조직으로서 로마 가톨릭 교회에 대한 찬사이다.

간은 묻는다는 존재 가능성을 가진 존재자이다. 하이데거는 묻는 존재인 현존재를 물음 속에 넣어서 그 현존재의 분석을 통해 존재의 의미를 천명하고자 한다 - 옮긴이.) 는 '거기에 있음'과 같은 것, 특히 인간 존재의 특징인 거기에 있음, 존재함과 같은 것을 의미한다. 콜나이는 대상들이 때로는 즉각적으로 우리 주위에 존재하여 불안이나 두려움, 또한 콜나이가 이 글들에서 주의를 쏟고 있는 감정 대상의 경우처럼 바로 우리의 존재에 영향을 준다는 사실을 가리키기 위해 이 용어를 사용한다. 독일어 *Angst*의 두 가지 의미인 불안과 두려움은 종종 별개의 정서로 받아들여지는데, 불안은 지향적 대상을 가진 감성이라기보다 무정형의 분위기를 내포한다. 콜나이는 이러한 접근을 거부하고 둘 다 하나의 현상으로 취급한다. 그 용어의 호환성은 영어로 썼던 그의 후기 글 「회피 감정의 표준 양식: 두려움, 증오, 그리고 혐오」에 의해 확인된다. 「혐오(*Der Ekel*)」에서 콜나이가 주로 선택한 용어는 *Angst*(불안 또는 두려움)이며, 때로는 *Furcht*(두려움)를 선택하기도 한다. 이 번역본에서 편집자들은 그 용어를 주로 '두려움'으로 옮겼으며, 때로 문맥과 표현의 편의성에 따라 '불안'도 사용했다. 그러나 독자들은 종종 영어에서 내포되는 두 감정 사이의 대조는 의도된 것이 아님을 명심해야 한다. 콜나이의 분석에 따르면, 불안과 두려움의 상태는 같은 감정의 다른 표현이며, 둘 다 같은 방식으로 혐오와 대조를 이룬다. 그는 어떤 지향적 대상이 부재할 때 존재하는 '부동성 불안(free-floating anxiety)'의 개념에 의문을 제기하며, 이 개념은 어떤 대상이 전혀 없는 것이 아니라 모호하거나 분산된 대상에 대한 혼란을 나타낸다고 추정한다.

불안이나 두려움은 무서운 대상에 대한 반응으로 생긴다. 불안이나 두려움은 그 대상뿐만이 아니라 자신에게도 향한다. 왜냐하면 두려움을 경험할 때 사람은 그 대상의 성질보다는 대상의 존재 자체와 대상이 지니는 위험에 더 주목하기 때문이다. 그 대상의 존재와 그것의 근접성은 자신의 존재를 위협한다고 말할 수 있을 것이다. 두려움이 촉발하는 행동은 전형적으로 도망이며, 대상으로부터 도망칠 때 그 대상의 특정한 속성에 연연하지 않을 것이다. 두려움이나 불안과 반대로, 혐오의 지향성은 상존재, 혐오 대상의 '그렇게 존재함(so-being)', 즉 우리의 감각에 나타나는 그 대상의 특성들 – 대상의 특색, 특징, 특질 – 에 더 향해 있다. 이 감정의 지향적 방향은 거의 전적으로 밖으로 향하고 있으며, 콜나이가 관찰하듯이 특질에 대한 집중은 혐오의 미적 본질을 함축한다. 비록 그의 생각을 충분히 예술 영역으로 확장할 수 있고 따라서 예술에서 피와 부패에 매료되는 것을 탐구하는 공포에 대한 최근 논의를 보충할 수 있지만, 콜나이가 미적 특성에 대한 이러한 언급을 통해 혐오가 예술적 경험에서 할 수 있는 역할을 지칭하는 것은 아니다. 콜나이가 염두에 두고 있는 것은 오히려 미적 경험의 무관심성(disinterestedness)에 대한 칸트주의 교리이며, 이는 그러한 경험이 대상의 실제 존재에는 거의 관심이 없으며, 전적으로 경험된 특질에 집중되어 있다는 것을 의미한다. 혐오는 대상들의 미적 특성을 이해하는 좀 더 확실한 수단들 가운데 하나가 아니며, 콜나이가 이런 용어로 혐오를 탐구했다는 것은 그의 독창성을 보여주는 증거이다. 그가 지적한 것처럼, 혐오의 지향 구조는 실제로 관심을 집중시키듯이 우리의 관심을 매우 강하게 그 대상의 혐오스러운 속성을 향하게 한다. 혐오는 진실을 캐내는 탐구이다. 지향성의 화살 끝은 "그 대상을 뚫고 들어간다". 혐오의 지향성이 가지는 이러한 특성은 복잡한 야누스 얼굴의 느낌을 그러한 감정, 즉 그 대상에 의해 역겨워지는 동시에 그것을 거의 음미하는 감정에 부여한다. 따라서 콜나이는 분석을 시작할 때부터 혐오스러운 것의 특이하고, 어쩌면 뒤틀린 자성(磁性)에 주목한다.

콜나이의 감정에 대한 접근법

현대 철학의 범주에서 콜나이의 접근은 그를 넓게 인지주의 감정 이론의 진영이라고 부를 수 있는 것과 같은 편에 놓는다. 인지주의자들은 감정이 판단과 추론과 같은 합리적인 인지 양식과 어울리는 방식으로 세계에 대한 우리의 이해를 촉진한다고 주장한다.[12] 이러한 의미의 인지주의는 감정이 마음에서 일어나는 단순한 느낌이나 동요 또는 격동으로 이해되어서는 안 되며, 따라서 기쁨이나 고통과 같은 감각 모델에 근거하여 감정을 고려하는 것도 부적절하다고 주장한다. 후자와는 달리, 감정은 그 대상을 향해 '뻗어 나가며(reach out)', 그래서 감정은 지향성을 가지고 있다. 우리가 언급했듯이, 지향성이라는 용어는 목적이나 의도적인 계획이 아니라 감정 및 믿음과 같은 정신 현상들이 무언가에 '관한(about)' 것이라는 사실을 가리킨다. 정신 현상은 실재하는 대상이든 가상의 대상이든 또는 사태이든 간에 이러저러한 대상을 '향해 있다'. 내가 만약 거미를 두려워한다면, 나의 두려움은 거미를 향해 있으며 거미는 두려움의 지향적 대상이다. 내가 만약 유령을 두려워한다면 나의 두려움의 지향적 대상은 실제로 존재하지 않음에도 불구하고 유령이 될 것이다. 내가 만약 날씨가 나빠질 것을 걱정한다면 나의 걱정의 지향적 방향은 날씨가 나빠질 것이라는 명제를 통해 표현된 사태를 향해 있다. 이러한 '지향'과 '지향적'의 전문적 의미를 유념하는 것이 콜나이의 텍스트의 오독을 피하는 데 중요하다. 그렇지 않으면 사람들이 의도적으로 자신에게서 혐오를 유발할 수 있다는 의미로 읽을 수 있다.

---

12 감정 이론에서 '인지주의'의 다른 의미들은 존 데이(John Deigh)에 의해 검토되었다. 'Cognitivism in the Theory of Emotions,' *Ethics* 104(July, 1994), pp.824~854.

철학에서 특정 기간 동안 감정은 이성을 방해하는 것으로, 따라서 지식에 대한 장벽으로 묵살되어 왔다. 이것은 20세기 초를 지배했던 강력한 논리 실증주의 전통의 전성기 동안의 경우인데, 이러한 관점은 윤리적 진술은 인지적 내용이 없고 단지 화자의 감정의 표현일 뿐이라는 이른바 감정적 윤리 이론에도 표현되어 있다. 그러한 견해는 최근 몇 년 동안 여러 방향에서 나타난 철학적 사고로부터 당연히 빛을 잃게 되었다. 여기에는 윤리학에서 아리스토텔레스주의의 부활, 인식론에서 관념이 파악되고 정식화될 수 있는 상이한 수단에 대한 주목, 정신과 의식 철학의 범위 확대, 인지 과학의 등장, 그리고 심지어 생리학적 두뇌 연구에 대한 철학자들의 주목이 포함된다.[13] 확실히 콜나이는 감정이 지식을 얻는 수단이라는 취지의 현재 다수의 견해에 동의할 것이다. 감정은 감정적 경험 자체 이외의 다른 수단으로는 가용하지 않은 유형의 인지를 산출한다. 따라서 감정은 단지 다른 더 합리적인 수단으로도 구할 수 있는 세계에 대한 정보를 극적이고 정서적인 방법으로 제공하는 것과 같은 것이 아니다. 우리가 어떤 대상에 대해 혐오감을 느낄 때, 이성만으로는 볼 수 없는 그것의 특질에 대한 즉각적인 이해와 그것의 본질에 대한 직관을 갖게 된다. 이러한 관점은 콜나이의 철학적인 관심의 대부분을 차지했던 윤리 이론 연구에 심오한 함의를 가지고 있는데, 여기에는 그의 런던 동료들이 모아 편집하여 1978년에 출판한 『윤리, 가치, 그리고 실재(Ethics, Value, and Reality)』가 포함된다.[14] 여기 실린 두 글 중 첫

---

13 예를 들어 신경학자 안토니오 다마지오(Antonio R. Damasio)는 전전두엽의 일부가 손상된 뇌 병변이 특정 유형의 감정을 경험할 수 있는 능력을 파괴할 뿐만 아니라 환자가 세상에서 실제적 지식을 가지고 기능할 수 없게 만든다고 주장한다. 『데카르트의 오류: 감정, 이성, 그리고 인간의 뇌』, 김린 옮김(눈출판그룹, 2017). [Descartes' Error: Emotion, Reason, and the Human Brain(New York: Grosset/Putnam, 1994)].

번째 글의 후반부에서 혐오의 윤리적 대상은 감정적 혐오에 관한 그의 성찰의 마지막을 장식하고 있다.

현재 콜나이와는 다소 잘 어울리지 않는 또 다른 좁은 의미의 '인지주의'가 통용되고 있다. 이 접근은 감정이 정당화된 믿음에 의존하는 한 이성적이라고 주장함으로써, 인지에서 감정의 역할을 입증하고자 한다. 예를 들어, 분노는 단지 근거 없는 정신적 격변이 아니다. 분노는 누군가가 부당하게 취급당했다는 믿음에 대한 반응이다. 믿음의 정당성과 그러한 유형의 믿음에 반응하는 감정의 적절성은 감정에 인지적 신뢰성을 부여한다. 이러한 노선을 따르는 접근은 아마도 현재 감정 이론 내에서 다수의 견해일 텐데, 이것은 감정이 연관된 믿음을 포함하는 복잡한 심리적 요소들에 근거한다는 견해이다. 믿음은 어떠한 명제가 평가되는 방식과 동일하게 진실과 거짓, 보증, 정당화 등에 의해 평가된다. 근거가 타당한 믿음을 가지고 있다면 우리는 믿을 수 있는 행위의 동기가 되는 합리적이고 정당화된 감정을 가지는 것에 대해 확신을 가질 수 있다. 믿음에 대한 의존은 감정 이론에서 여러 가지 목적에 기여한다. 아마도 가장 중요한 것은, 감정이 인식론적 지위가 없고, 이해를 명확히 하기보다는 왜곡하기 쉬운 위험하고 비합리적인 정신적 에피소드라는 극단적 주장으로부터 감정을 방어할 수 있는 근거를 마련한다는 것이다. 확실히 어떤 감정적인 경험들은 이 묘사에 들어맞는다. 일반적인 예로는 분노의 폭발, 심약한 감수성(sentimentality), 그리고 맹목적인 사랑이다. 이것들은 모두 근거가 탄탄한 믿음이 부재하기 때문에 정당하지

---

14 *Ethics, Value, and Reality: Selected Papers of Aurel Kolnai*, Francis Dunlop and Brian Klug(eds.), with an Introduction by David Wiggins and Bernard Williams(London: Athlone Press, 1977; Indianapolis: Hackett, 1978).

않다고 여겨진다. 예를 들어, 한 사람이 부당한 취급을 당했다는 연관된 근거 믿음이 없다면, 추정된 가해자에게서 경험하는 분노는 근거가 없다. 만약 그 믿음이 잘못되었다는 것을 알게 되면, 그 분노는 (비록 약간의 동요를 남기겠지만) 사라져야 한다. 그렇지 않고 분노가 지속된다면, 그 사람은 정말로 비이성적이다. 감수성은 종종 그 대상이 가지고 있지 않은 가치를 대상에 부여하면서 대상의 진정한 본질을 인정하지 않는다는 것을 나타낸다는 이유로 비판받는다.[15] 그리고 사랑이 야기할 수 있는 믿음의 왜곡은 '사랑은 맹목적이다'라는 표현에서 흔히 인정된다. 감정은 근거가 탄탄한 믿음에 기초해야 한다는 요구는 그 믿음이 진실이라고 고집하지 않는다. 그것은 너무 엄격한 것일 것이다. 슬픔은 어떤 끔찍한 사건이 일어났다는 믿음이 없는 일관되지 않은 격변이다. 하지만 그러한 사건이 일어났다고 생각할 만한 충분한 이유가 있다면, 비록 잘못 알았다 하더라도, 슬픔은 완전히 정당화된 반응이다. 사실, 슬픔의 부재는 상황에 대한 이해가 의심스럽다는 신호일 가능성이 높다. (실천 이성을 발휘하는 사람이 정의의 미덕을 얻기 위해서는 적절한 대상에게 적절한 정도로 분노를 느껴야 한다는 아리스토텔레스의 주장을 상기해 보자.) 믿음의 지향적 대상과 감정의 지향적 대상의 조율은 신뢰성과 정당성의 기준을 통해 정서적 반응을 평가하는 방법을 제공한다. 이것은 현재 감정 이론의 여러 인지주의적 관점들의 공통된 목표들 중 하나이다.[16]

---

15 Anthony Savile, 'Sentimentality,' in *The Test of Time: An Essay in Philosophical Aesthetics*(Oxford: Clarendon, 1982).

16 영향력 있는 인지주의적 감정 이론에는 Ronald de Sousa, *The Rationality of Emotions*와 Robert Gordon, *The Structure of Emotion*(Cambridge: Cambridge University Press, 1987)이 있다. 믿음에 대한 복합적인 논의를 위해서는 Patricia Greenspan on "propositional feelings," *Emotions and Reasons*(New York: Routledge, 1988)를 참조하라.

어떤 경우에 콜나이는 이 결론에 대해 별다른 이견이 없겠지만, 그는 감정의 인지적 요소를 어떤 근거 믿음에 고착시키지 않기 때문에 그의 접근은 중요한 차이가 있다. 정서적 경험은 그 자체로 세계에 대한 이해를 야기하며, 상황에 대한 이러한 특정한 정서적 이해에 타당성을 부여하기 위해 분석적으로 분리될 수 있는 믿음의 층이 필요하지 않다. 물론 모든 감정이 구조적으로 동일한 것은 아니며, 반드시 그래야 한다고 전제하는 이론가는 별로 없다. 사실, 감정들은 서로 너무 달라서, 감정들을 하나의 속(屬, genus) 아래 유형 분류하는 것을 거부하는 학파도 있다.[17]

일부 철학자와 과학자들은, 인지주의가 도를 넘어서 감정을 너무나 합리적이고, 너무나 인지적인 믿음과 같은 것으로 만들었으며 그 결과 너무나 인간적이고 우리의 생물학적 유산으로부터 너무나 동떨어지게 만든다고 믿는다. 이 접근은 인지주의자들이 인식론적으로 일관되지 않고 도덕적으로 부적절하다는 비난으로부터 감정을 구하려고 노력하는 가운데 감정에서 감각적 경험과 욕망의 역할을 과소평가하고 감정적 반응이 비인간 동물들과 공유되는 정도를 무시했다고 주장한다.[18] 따라서 비판가들은 최소한 일부 감정이 심사숙고하는 능력과 기능의 제어보다 오히려 반응적 메커니즘에 지배되는 정도를 강조한다. 철학자 폴 그리피스(Paul Griffith)는 감정을 빠른 반응 정서 프로그램, 고차원의 인지 감정, 사회적으로 정의된 심리 상태의

---

17 예를 들어, 드 수자는 특정한 감정들의 차이를 만들어내는 속(屬)의 감정은 없다고 주장한다.

18 예를 들어, Jenefer Robinson, 'Startle,' *Journal of Philosophy*, XCII:2(February, 1995), pp.53~75과 'Emotion, Judgment, and Desire,' *Journal of Philosophy*, LXXX:11(November, 1983), pp.731~741쪽을 참조하라. John Morreall, 'Fear Without Belief,' *Journal of Philosophy*, 90:7(July 1993), pp.359~366.

세 가지 범주로 나누는데, 인간과 다른 동물의 뇌와 행동에 관한 과학적 연구와 진화 이론에 의해 조명되는 첫 번째 범주에 집중한다. 정서 프로그램은 적대적인 환경에 의해 겪게 되는 도전들에 대응하기 위해 진화해 온 생물학적 기반의 반응 신드롬이다.[19] 그리피스의 접근은 이 범주에 속하는 감정의 믿음 구성 요소를 최소화하고, 그 대신 감정의 반응적 성질을 강조하고 또한 심사숙고적 추론에서 작동하는 경로와 분리된 모듈식의 비이성적인 뇌의 경로를 이용한다는 사실을 강조한다. 혐오는 놀람, 분노, 두려움, 슬픔 그리고 기쁨과 함께 정서 프로그램으로서 더 잘 묘사되는 감정들 중 하나이다. 이 모든 정서는 고차원의 신중한 반응을 우회하는 경향이 있다. 사람은 독성이 없는 거미나 뱀과 같이 위험하지 않다고 알고 있는 대상에게 두려움으로 반응할 수 있으며, 이러한 반응은 극복하기가 거의 불가능할 수도 있다. 혐오의 유발자는 악취가 나는 것들이다. 그것의 진화적인 이점은 독성 물질의 섭취로부터 유기체를 보호하고, 가능한 한 가장 이른 시점, 즉 유기체가 처음 그 대상과 만날 때 그러한 보호막을 장착하는 것이다. 그리피스는 이러한 기본적인 감정이 범문화적이라고 언급한다. 그 감정들은 어느 정도 문화적 주조의 대상이지만 혐오, 두려움, 분노는 숙고나 교육으로 제어하기에는 상대적으로 강고하고 어렵다. 그가 언급하듯이, "정서 프로그램 상태는 문화에 영향을 받지 않는, 계통 발생적으로 오래되고, 정보적으로 압축되어 있는, 반사와 같은 반응이다".[20]

---

19 Paul Griffiths, *What Emotions Really Are: The Problem of Psychological Categories* (Chicago: University of Chicago Press, 1997). 그리피스는 심리학자 폴 에크먼(Paul Ekman) 으로터 '정서 프로그램'이라는 용어를 가져온다.
20 같은 책, p.16. 이것은 정서 프로그램을 포함하여 감정을 '비인지적'으로 만들지 않는다. 왜냐하면 감정은 세계를 이해하는 데 중요한 역할을 하기 때문이다. '인지적'이라는 용어

콜나이는 혐오를 어떤 다른 감정과 마찬가지로 복합적이고 죄책감이나 슬픔 또는 당혹감과 같은 고차원의 인지적 감정들의 집합에서 배제되지 않는 감정으로 여기기 때문에, 이러한 설명의 환원주의적 취지에는 동의하지 않을 것이다. 콜나이 역시 상이한 종류의 감정들을 구별하지만, 그는 좀 더 현상학적인 근거 위에서 그렇게 한다. 어떤 감정들은 강하게 지향적인데, 이것은 그 감정들의 느낌의 질이 대상을 향해 강력하게 다가간다는 것을 의미한다. 막연한 호기심이나 가벼운 짜증과 같은 감정들은 약하게 지향적이다. 그러한 감정은 대상을 가볍게만 스친다. 혐오는 제일 강력한 종류의 회피하는 감정이다. 모든 회피 감정이 같은 것은 아니며, 감정 이론에 대한 콜나이의 가장 세심한 기여 가운데 하나는 공포나 불안, 혐오 그리고 증오 사이에 세밀한 구분을 한 데서 비롯된다. 혐오와 같은 기본적인 반응이 문화와 학습의 영향을 받지 않는 상대적으로 원초적인 반응이라는 주장은 혐오의 사례들이나 전형적으로 혐오스러운 것으로 여겨지는 대상들에 대한 성찰로부터 나온 것이 아니다. 그러나 콜나이는 감정이 일으키는 신체적 변화를 포함하여 감정의 주체성에 주의를 기울이기 때문에 감정적 반응의 즉각성과 잠재성에 대한 그리피스의 설명을 인정할 것이다. 그는 또한 정서 프로그램 이론가들과 함께 특별히 어떤 반감으로 통제를 거의 허용하지 않는 자극-반응의 정도를 인정한다. 이러한 특징은 특별히 혐오, 즉 명백한 신체적 반응으로 표시되는 감정의 경우에 중요하다. 혐오의 비자발적인 요소는 이 감정의 활성화에서 신체적 감각들의 강력하고 핵심적인 역할을 고려하게 한다.

의 오도할 수 있는 특징에 대해서는 그리피스의 언급을 참조하라. 같은 책, pp.2~3.

혐오의 감각적 본질(The Sensuous Nature of Disgust)

모든 혐오 이론가는 대체로 이 독특한 감정의 특징을 인정한다. 그것은 그 감정을 촉발하는 독특한 유형의 **감각** 경험이 있어야 한다는 필요조건이다. 윌리엄 이언 밀러가 관찰하듯이, "혐오의 관용어가 요구하는 것은 감각들에 대한 언급이다. 그것은 어떤 것을 만지고, 보고, 맛보고, 냄새 맡고, 심지어 가끔은 듣기도 하는 것이 어떤 느낌인지에 대한 것이다. 혐오는 혐오를 촉발하는 것들의 감각 처리에 대한 직접적인 참조를 생략할 수 없다. 모든 감정은 어떤 지각에 의해 개시되는데, 오직 혐오만이 지각하는 과정을 그 기획의 핵심으로 만든다".[21] 그러나 이론가들 사이에 이러한 애초의 합의는 바로 어떤 감각이 혐오의 주요 통로인지에 대한 논쟁으로 빠르게 바뀐다.

방어적 반응을 위해 진화한 메커니즘으로서 혐오에 주로 관심이 있는 연구자들은 미각을 감정의 중심에 두는 경향이 있다. 예를 들어, 다윈은 혐오를 먹기에 부적절하다고 여겨지는 대상에 대한 거부와 연결시키면서, 미각적 쾌락의 반대를 나타내는 반응으로 보았다.[22] 극도로 부적절한 것은 실제로 섭취하면 치명적인 대상들이며, 이는 혐오 반응을 맛 그리고 먹는 것과 연관 짓는 또 다른 이유이다. 다윈은 감정을 종의 안녕을 보장하는 확실한 목적을 위해 진화해 온 반응으로 간주하는 사고방식을 창시하는데, 이는 인

---

21 William Ian Miller, *The Anatomy of Disgust*, p.36. 〔윌리엄 이언 밀러, 『혐오의 해부』, 82쪽〕.

22 Charles Darwin, *The Expression of the Emotions in Man and Animals*(1872), Chicago: University of Chicago Press(1965), pp.256~258. 〔찰스 다윈, 『인간과 동물의 감정 표현』, 김성한 옮김(서울: 사이언스북스, 2020), 350~352쪽〕.

간과 비인간 동물의 정서적 반응 사이의 연결을 촉진하는 접근이다.[23] 그러한 관점은 감정의 인지적 측면을 최소화하고, 우리가 그리피스의 혐오 분류에서 악취 나는 것의 섭취를 방지하는 정서 프로그램으로 보았던 것처럼 그 감정의 기계적 특징을 강조하는 경향이 있다. 따라서 쥐가 무엇을 먹고 무엇을 먹지 않을지를 측정하는 실험으로 혐오에 관한 광범위한 탐구를 시작했던 심리학자 폴 로진(Paul Rozin)도 혐오의 핵심 감각을 미각으로 간주한다. (비록 로진은 쥐들이 자신들을 병들게 할 음식을 회피하는 것으로부터 혐오의 특성을 추론함으로써 연구를 시작했지만, 연구가 전개되어 가면서 그는 인간의 혐오를 인간적 본성과 동물적 본성 사이의 장벽을 유지할 필요성에 대한 인정으로 해석하게 되었다. 우리를 역겹게 하는 것들은 우리의 동물적 기원을 떠올리게 하는 것들이다.)[24] 따라서 혐오는 근본적으로 **거부하는** 감정으로 보인다. 혐오의 기능은 "구강 내에서 불쾌한 물질과의 감각적 접촉을 줄이고 그러한 물질을 배출하려고 한다".[25] 미각은 먹고 마실 때 하는 역할과 함께 혐오스러운 것들에 대한 가장 강력한 본능적 반응인 구토에 가장 가까운 감각이다.

다른 혐오 이론가들은 냄새를 더 강조하는 경향이 있으며, 콜나이는 이 진영에 속한다. 그는 미각의 대상이 후각의 대상보다 더 제한적이라고 관찰하는데, 맛과 냄새의 감각이 사실상 하나의 감각으로 기능할 정도로 매우

---

23 "진화에서, 혐오는 아마도 유기체들이 그들의 건강을 위해 충분히 위생적인 환경을 유지하고 상한 음식을 먹고 오염된 물을 마시는 것을 막도록 자극하는 데 도움을 주었을 것이다." Carroll Izard, *Human Emotions*(New York: Plenum, 1977), p.337.

24 Paul Rozin and April E. Fallon, 'A Perspective on Disgust,' *Psychological Review*, 94:1 (1987), pp.23~41과 Paul Rozin, Jonathan Haidt, Clark R. McCauley, 'Disgust,' in Michael Lewis and Jeannette M. Haviland(eds.), *Handbook of Emotions*(New York: Guilford Press), pp.575~594.

25 Nico H. Frijda, *The Emotions*(Cambridge: Cambridge University Press, 1986), 11쪽.

밀접하게 결합되어 있지만, 우리는 후각 범위 안에 들어오는 것 중에 상대적으로 조금만 먹기 때문이다. 후각은 경험하는 주체와 지각의 대상 사이의 일정한 거리에 따라 발생하며, 따라서 미각보다 더 큰 범위를 가지고 있다. 그러나 후각의 대상은 상당히 멀리 떨어질 수 있는 시각이나 청각과는 달리 위협하고 혐오를 일으키기에 충분히 가까운 거리에 있다. 콜나이는 혐오의 지향성이 대상을 향해 뻗는 것으로 보고 있으며, 후각에 대한 그의 묘사는 대상을 찾고 시각이나 청각의 대상의 경우보다 대상과 더 친밀하며 또한 후각의 즉각적인 본능적 반응에 관여하는 탐색하는 코를 생생하게 그린다.

촉각의 영역에서도 탁한 연못을 헤치며 건널 때 밟게 되는 미끈미끈한 생명체들과 같이 혐오스러운 대상의 사례가 있다. 그러나 부드러움과 미끄러움이 본질적으로 역겹다면 사람이 아스픽(aspic, 수육이나 물고기를 젤리로 굳힌 것으로 차게 식혀서 상에 낸다 – 옮긴이)을 좋아할 수 있다는 것은 설명할 수 없을 것이라고 지적하는 콜나이에 따르면, 그러한 것들의 특성은 그 자체로 혐오스러운 것이 아니다. 부패와 고름의 생생한 이미지를 받아들일 수 있는 시각은 혐오스러운 장면을 위해 충분한 범위를 제공하지만, 청각은 사실상 혐오로부터 자유롭다. 보고, 만지고, 냄새를 맡는 것은 모두 대상의 물질성을 파악하는데, 그 물질성이 혐오스러운 것들의 핵심적인 특성이 있는 곳이다. 혐오의 대상이 서로 다른 감각에 의해 포착될 수 있고 먹는 경험처럼 여러 감각 양식들에 걸쳐 있는 복잡한 대상을 향해 정향될 수 있다는 점에서 혐오는 상호 범주적이다. 간단히 말해서, 비록 다른 감각 기관들도 함께 연관되어 있지만, 혐오의 주된 감각은 후각이다. 어떤 경우에도, 혐오는 항상 그것의 핵심에 실제 또는 가상의 강한 감각 요소를 포함한다. 근접성은 혐오 경험의 특징이기도 한데, 혐오스러운 대상에 가까이 있으면 오염의 위험이 있기 때문이다. 감염처럼, 혐오는 혐오스러운 대상으로부터 혐오스러워진 대상까지 퍼진다. 이러한 반감에 의해 유발된 뒷걸음질은 근처에 있는 것의 위험을 알아보는 것이다.

혐오의 대상

혐오스러운 대상의 근접성의 역할은 대상의 의미와 그것이 왜 이 특정한 감정을 유발하는지에 대한 추측을 불러일으킨다. 그것이 위협하는지, 오염시키는지, 겁먹게 하는지, 아니면 단순한 반감인지. 혐오의 현상학을 성찰해 온 이론가들 사이에서는 이러한 감정을 촉발하는 대상의 유형에 대해 가장 많은 공감대가 형성되어 있다. 콜나이가 만든 혐오스러운 것의 목록은 밀러, 사르트르(Sartre), 로진, 크리스테바, 그리고 공포 예술 장르의 학자들이 제시한 같은 종류의 목록과 수렴한다. 그러나 대상들에 대한 합의가 이러한 대상들이 혐오를 유발하는 이유에 대한 합의를 의미하지는 않는다.[26] 콜나이는 혐오의 지향적 대상과 이 감정의 특징인 독특한 반감을 전형적으로 자극하는 대상의 특징을 분석한다. 그는 부패, 배설물, 신체 분비물, 오물로부터 시작해서, 혐오스러운 동물들, 특히 눈에 보기에 과도하게 떼로 나타나는 곤충들, 특정한 조건의 음식, 너무 가까이 있는 인간의 몸, 지나친 번식력, 질병과 기형으로 계속되는, 그가 "물질적으로 혐오스러운"이라고 부르는 것의 아홉 가지 대표적인 특성을 항목별로 분류한다. 물질적 혐오의 대상들은 부패한 생명, 죽음을 향하는 신체, 그리고 썩어가는 유기물의 오물로부터 원초적이고 풍부하게 재생되는 생명의 인상을 공유한다. 썩고 부

---

26 또한 Rozin, Haidt, and McCauley, 'Disgust'에서 보고된 심리학 연구를 참조하라.

패하는 것들은 구더기와 박테리아의 식량이 된다. 떼 지은 곤충들은 "무감각하고, 형태가 없이 급증하는" 과도하고 무의미한 생명의 생성이라는 인상을 준다. 콜나이는 때때로 이것을 생명의 구조는 결여되어 있지만 오로지 생식만이 일어나는 — 과잉, 필요를 훨씬 넘는 지나친 풍부함 — 과잉생식의 경험으로 인한 삶의 중복감이라고 언급한다.

콜나이의 논문이 나온 후 20년 동안 유럽 철학자들의 혐오에 대한 연구가 몇몇 있었는데, 적어도 단기적으로는 콜나이의 에세이보다 더 많은 인정을 받았다. 콜나이의 묘사는 조르주 바타유(Georges Bataille)와 그의 비정형(informe) 이론의 발전, 사회적 아브젝시옹(abjection)에 대한 분석, 그리고 그의 지저분하고 도색적인 글쓰기를 예견했으며, 심지어 영향을 미쳤을 것이다.[27] (바타유는 콜나이의 작품에 친숙했고, 그의 에세이에 대한 메모를 보관했다.)[28] 그러나 아마도 콜나이와 가장 분명하게 공명하는 철학은 존재 자체가 야기하는 혐오와 공포의 감각에 의존하는 장 폴 사르트르의 실존주의일 것이다. 지배하는 이성이 없는 야만적 삶의 존재 자체에 대한 혐오감을 표현한 콜나이의 언급은 사르트르의 저작에 표현된 사실성에 대한 두려운 자각과 유사하게 들린다. 사르트르는 혐오스러운 것들에 대한 긴 후기와 함께 『존재와 무(L'Être et le néant)』의 결론을 맺는다. 『구토(La Nausée)』에서 그의 등장인물 로캉탱(Roquentin)은 이유나 목적 없이 그저 존재하는 사물들의 완고하고

---

27 Claire Margat, Preface to Aurel Kolnai, Le degout, translated by Olivier Cosse(Paris: Agalma, 1997), p.6. 마르가의 서문은 콜나이의 에세이를 초현실주의, 실존주의 그리고 정신분석학과의 관계에 위치시킨다. 또한 Robert Radford, 'Aurel Kolnai's Disgust: A Source in the Art and Writing of Salvador Dali,' The Burlington Magazine, 141:1150(January, 1999)와 Rosalind Krauss, L'Informe, Exhibition Catalogue(Paris: Centre Pompidou, 1996)을 참조하라.

28 Georges Bataille, Oeuvres Complètes, Vol.II(1922.40), Paris: Gallimard(1970), pp.438~439.

무심한 물질성을 깨달으며 혐오감에 사로잡힌다. 어떠한 실재 범주들의 질서에 의해서도 제한되지 않는 존재이기 때문에 그의 인식의 대상들은 정체성조차 유지하지 않고 불안한 비확정성으로 스며 나오고 이동한다. 로캉탱의 밤나무 뿌리와의 유명한 조우는 혐오가 어떻게 보잘것없는 실존적 현현(顯現)을 나타내는지 보여준다. "이 거창한 현존을 나는 꿈꾸었던 것일까? 그것은 공원 위에 자리 잡고 나무들 속에 전락해서 거기에 있었다. 아주 무르고, 무엇에나 달라붙고, 아주 짙어서 잼 같았다. … 나는 그 더러운 당과(糖菓)가 싫었다. 그것은 하늘까지 올라가서, 도처에 뻗어가서 모든 것을 피로로 충만시켰다. … 그것이 곧 '세계', 갑자기 나타나는 발가벗은 '세계'라는 것을 잘 알고 있었다. 그리고 나는 이 부조리하고 두터운 존재에 대한 분노로 숨이 막힐 지경이었다."[29] 심지어 이 짧은 인용문에서도 우리는 사르트르가 삶의 무의미성라고 여기는 것에 대한 반감이라는 더 큰 현상의 측면에서 혐오를 다루고 있으며, 부정적 감정의 유형들을 열심히 구별하는 더 냉정한 콜나이의 논의와 비교했을 때 사르트르는 로캉탱이 자신의 감정에 의해 폭로된 것을 발견하는 것과 같은 결론을 도출하는 경향이 훨씬 적다는 것을 알 수 있다. 혐오는 중요한 가치를 드러내는 감정이기 때문에, 콜나이는 혐오를 심각하게 받아들인다. 그러나 그의 접근은 인성과 정치 면에서 콜나이와 사르트르 사이의 뚜렷한 대조를 반영하면서, 그 논조에서 더 거리가 있고 어쩌면 더 과학적이기까지 하다.

좀 더 최근 세대의 사상가들을 참고로 하여, 우리는 콜나이가 크리스테바의 아브젝트(abject) 개념과 밀러가 『혐오의 해부』에서 고안한 용어인 '생명

---

29 Jean-Paul Sartre, *Nausea*, translated by Lloyd Alexander(New York: New Directions, 1964[1938]), p.134. 〔장 폴 사르트르, 『구토』, 방곤 옮김(서울: 문예출판사, 1999), 251쪽〕.

수프'로서 혐오스러운 것들에 대한 요약에서 발견되는 것과 같은 혐오에 대한 논의를 예시(像示)하는 것을 볼 수 있다.

놀랍게도 혐오하게 하는 것은 삶의 능력이다. 단지 삶이 삶과 상관되어 있는 죽음과 부패를 암시하기 때문만은 아니다. 삶을 생성하는 듯 보이는 것이 바로 부패이기 때문이다. 부패의 이미지는 감지할 수 없게 출생의 이미지로 미끄러져 들어갔다가 다시 나온다. 죽음이 소름끼치게 반감을 일으키고 혐오를 유발하는 것은 단지 역겹도록 악취가 나기 때문만이 아니다. 그것은 죽음이 삶의 과정의 종말이 아니라 영원한 재생의 고리의 일부이기 때문이다. 살아왔던 자들과 산 자들이 연합해서 — 고약한 악취가 나고 만지기에 거슬리는 — 유기적인 발생적 부패의 세계를 이룬다. 끈적끈적한 진흙, 더러운 거품이 떠 있는 연못은 생명 수프, 생식력 그 자체이다. — 부패하는 식물로부터 자연스럽게 생성되는 점액질의, 미끈미끈하고, 꾸물꾸물하고, 바글거리는 동물의 삶.[30]

콜나이는 근접성이 혐오와 관련되는 정도를 언급한다. 왜냐하면 혐오를 유발하는 것은 너무 가까이 밀착하여 오염시키거나 감염시켜서 신체의 온전함과 청결함을 위태롭게 할 수 있기 때문이다. 부패하거나 흘러나오는 물질뿐만이 아니라 씻지 않은 타인들의 신체, 또한 원치 않는 성적인 접근을 하는 사람들은 혐오를 불러일으킬 가능성이 상당히 높다. 콜나이는 혐오가 생명과 죽음 사이에서 오가는 경계선에 주목한다. 혐오는 부패하는 시체가

---

30 William Ian Miller, *The Anatomy of Disgust*, pp.40~41. 〔윌리엄 이언 밀러, 『혐오의 해부』, 88쪽〕. "생명은 부패다"라는 자끄 라캉(Jacques Lacan)의 언급과 비교하라. Seminar XVII(*The Ethics of Psychoanalysis*).

살아 있고 인간이었던 것에서 구분되지 않고 악취 나는 삼출물(滲出物)로 변하는 때처럼 유기체의 온전성이 해체되기 시작하는 전이 상태를 보여준다. 그의 표현대로, 혐오스러운 것들은 "죽음과 함께 잉태되어 있다". 그러나 반감을 일으키는 혐오의 힘에도 불구하고, 콜나이는 혐오를 두려움으로 뒷걸음치는 것으로 축소하지 않는다. 그는 자기 자신에 대한 위협의 우려를 혐오 감정의 핵심을 묘사하는 것으로 이해하지 않으며, 이 점에서 그는 이러한 회피 감정의 핵심이 자신의 온전성이 혐오스러운 것들의 오염력으로부터 해체될 위험에 처해 있다는 인식이라고 추론하는 이론가들과 다르다. 따라서 콜나이의 혐오 개념은 예를 들어 크리스테바의 아브젝트 개념과 다르다. 아브젝시옹은 혐오에 더하여 두려움과 욕망의 흔적, 개인 정체성의 허약성의 무서운 그림자를 포함하는 복잡한 감정적 반응이다. 확실히 혐오를 경험함에 있어서, 우리는 또한 혐오스러운 것들의 위협을 인식한다. 그러나 이러한 위협은 두려움을 유발하는 종류의 힘과 함께 나타나지 않는다. 혐오의 대상은 불안감을 주지만 여전히 "나보다는 못한" 무언가로서 의식 속에 남아 있다. 「혐오」와 「회피 감정의 표준 양식」 모두에서 콜나이는 혐오를 두려움과 증오로부터 ─ 실제 경험에서는 이 감정들이 종종 뭉치로 함께 나타난다는 것을 인정하면서도 ─ 열심히 구별한다. 두려움과 혐오는 함께 공포를 구성하는 쌍둥이 감정이며, 공포 영화의 역겨운 특수 효과와 같이 캐롤(Carroll)이 영화와 이야기의 "아트 호러"(공포 영화와 예술 영화의 하위 장르로서, 공포의 예술적인 사용을 탐색하고 실험하는 영화들이다 ─ 옮긴이)라고 부르는 것에서 의도적으로 이용된다.[31] 하지만 동시에 외부 대상과 자기 자신을 향하는 두려움이나 불안의 이중적인 지향 방향은 혐오에서는 억제되고, 혐오는 거의 전

---

31 Noël Carroll, Chapter 1, 'The Nature of Horror', *The Philosophy of Horror*.

적으로 그 대상의 특징들을 향해 밖으로 지향된다. 구조적으로 이 두 감정은 실제 경험에서는 매우 자주 결합되거나 한데 섞여 보이지만 구별될 필요가 있다. 콜나이가 그의 에세이의 첫머리에서 언급하듯이, 두려움은 대상의 현존재에 집중되어 있는 반면, 대상의 표상(表象)적 특질에 연연하도록 유인하기 때문에 두 감정 중에서 더 미학적인 감정인 혐오는 대상이 존재한다는 사실이 아니라 대상의 상존재, 즉 특정한 특징들을 향해 있다. 두려움과 혐오는 너무나 자주 함께 일어나기 때문에 때로는 통합된 경험처럼 보이지만, 콜나이가 자신의 현상학적 접근을 적용하여 도출한 이 두 감정에 대한 세밀한 구분은 이 감정들에 대한 특정한 생리학적 연구에서 나온다. 심리학자들은 예를 들어 두려움을 경험하는 피험자는 맥박이 높아지는 반면, 혐오를 경험한 피험자는 심박수가 느려진다는 것에 주목한다.[32] 신경학적 연구는 두 감정의 인식은 뇌의 다른 영역에서, 즉 두려움은 편도체(amygdala)에서 혐오는 뇌섬엽과 기저핵에서 처리된다는 것을 보여준다.[33]

「혐오」에서 시작되어 「회피 감정의 표준 양식」에서 더 완전하게 발전된 두려움, 혐오 그리고 증오에 대한 콜나이의 면밀한 연구는 '긍정적인' 감정보다 '부정적인' 감정이 훨씬 더 많이 있는 (아니면 적어도 긍정적인 감정보다 부정적인 감정에 대한 이름이 더 많은) 것으로 보인다는 감정 일반에 관해 흔히 이루어지는 염려스러운 관찰에 대한 해결책을 제시한다. 예를 들어, 사랑의 부정적인 대응 감정으로서 증오, 미움, 경멸, 질색, 혐오를 들 수 있다. 평정과 수용의 대응 감정으로서 격분, 격노, 분개, 노함, 격앙, 짜증, 격화 등 모

---

32 Paul Ekman, Robert W. Levenson, and Wallace V. Friesen, 'Autonomic Nervous System Activity Distinguishes among Emotions,' *Science* 221(16th September, 1983), p.1209.

33 Andrew J. Calder, Andrew D. Lawrence, and Andrew W. Young, 'Neuropsychology of Fear and Loathing,' *Nature*(May, 2001), pp.352~363.

든 종류의 다양한 분노 감정이 있다. (분노와 관련된 용어들의 목록은 특별히 길다.) 긍정적이거나 행복한 감정 용어의 비교적 짧은 목록과 엄청나게 다양한 부정적이거나 회피적인 감정들 사이의 불균형에 대한 성찰은 인간 본성에 대한 불편한 결론으로 이어질 수 있다. 그러나 콜나이는 우리에게 더 깊은 설명의 필요성을 면하게 하는 상이한 감정들의 대상에 대한 사실적 관찰을 제공한다. 긍정적인, 즉 '찬성하는' 태도는 부정적인, 즉 '반대하는' 태도보다 단순히 더 넓은 범위의 대상들을 가지고 있다. 후자는 더 구체적이고, 특정한 대상에 더 관련되어 있다. 따라서 (사랑, 증오 등의) 감정들에 대해서는 진정한 반대 감정이 없다. 그 감정들은 비대칭적이며, 서로 반대되는 감정으로 보일 뿐이다.[34]

두려움, 혐오, 증오는 모두 위축과 회피를 유발하는 데 기여하는 회피 감정이지만, 그것들은 서로 다르게 기능한다.[35] 두려움은 도망을 유도하기 위해 형성되며, 지향적 대상과 주체에 대한 위험 사이에 강한 인과적 연관성의 인식에 의존한다. 두려움은 두려움의 대상과 근접성을 예리하게 인식하

---

34 콜나이는 이 주장을 계속 반복했다. 심지어 자서전에서도 그는 개인적 의견을 표명하면서 다음과 같이 언급한다. "우리의 존재 자체는 증오 없이도 상상할 수 있지만, 사랑이 없다면 공허하고 무의미하다. 사랑은 반드시 상응하는 증오를 전제하는 것은 아니지만, 증오는 사랑 받는 것들의 배경을 상정한다. 우리는 그것들을 위해 그것들을 위협하는 것들의 적이 된다"(Aurel Kolnai, *Political Memoirs*, p.70). 1936년 칼 크라우스(Karl Kraus)와 길버트 체스터튼(G. K. Chesterton)의 죽음에 대한 부고에서, 콜나이는 "사랑과 증오는 인간 영혼에서도 가치 척도에서도 대칭적으로 일치하는 양이 아니라는 것을 인정하자"고 썼다. 'Magi of the Reasoning Mind: Karl Kraus and Gilbert Keith Chesterton,' translated by Istvan Selmeczi and Leslie Tihany〔*The Chesterton Review* XIII:3(August, 1987), p.311〕.
35 콜나이는 이 세 감정을 함께 묶지만, 연구된 다른 조합들도 있다. 이자드(Izard)는 혐오, 분노, 경멸을 '적대감 트라이어드'라고 부르며(Carroll Izard, *Human Emotions*, p.89), 로진, 하이트, 맥컬리는 이 세 감정이 "도덕적 감정"으로서 함께 작용한다고 생각한다.

지만, 본질적으로 그것의 특질에 관심이 있지는 않다. 우리가 보았듯이, 대상의 감각적인 특징이 매혹의 요소를 유도하면서 가장 생생하게 표현되는 혐오의 경우에 사정은 꽤 다르다. 두려움처럼 혐오는 회피를 유도한다. 증오처럼 혐오는 관심을 강요한다. 증오는 증오의 대상에 대해 특별히 강렬한 관심을 일으킨다. 증오의 지향은 "의구심이 많고, 공격적이며, 추진력이 있다". 증오는 한 주체가 대상을 미워하는 이유를 설명해 주는 특별히 명백한 역사적 성격을 가지고 있으며, 따라서 전형적으로 구체적인 개인적 관련성이 있다. 우리는 예를 들어 한 사람 또는 두 사람을 미워할 수 있지만, 우리 중 누구도 사람 일반을 미워하지는 않는다. 이러한 이유로, 전형적으로 혐오스러운 대상의 목록은 증오 대상의 목록보다 더 쉽게 수집된다. 모든 이론가가 제시하는 혐오스러워지는 대상의 종류들의 목록에서 핵심적인 예들 가운데 하나는 음식, 좀 더 정확하게 말해서 먹을 수는 있지만 이러저러한 이유로 인해 관련자의 감각이나 감성을 훼손하는 것들을 포함한다. 이국적이거나 낯선 음식은 본질적으로 혐오스러운 성질을 나타내지 않더라도 (예를 들어, 많은 북미인에게는 메뚜기나 뱀을 섭취하는 것이) 혐오를 유발할 수 있다. 음식 규정에 의해 금지된 음식은 특정한 문화 내의 사람들에게 혐오스럽게 보일 수 있는 반면, 그러한 것들을 통례적으로 먹는 사람들은 그러한 반응을 이해하는 데 어려움을 겪는다. 먹기는 혐오에서 강력한 힘이 있는 미각과 후각 모두에게 모욕을 불러일으키며, 혐오스러운 대상을 몸에 받아들이는 것은 가장 친밀한 종류의 접촉이며 따라서 가장 위험하게 더럽히는 것의 하나이기 때문에 오염시킬 수 있는 것의 전형적인 보기이다.

그러나 콜나이는 또한 매력적인 것에서 혐오스러운 것으로 이동하는 맛의 스펙트럼이 있어서 이 스펙트럼을 따라 움직임으로써 매력이 혐오로 기울어지거나 또는 반대 방향으로 기울어질 수도 있다고 언급한다. 그는 사냥한 고기의 예를 염두에 두고 있는데, 그것은 부패가 시작될 때까지 일부러 준비되지 않은 채로 남겨두어 육질의 맛을 높이고 '고급스러운 풍미(haut goût)'를 이룬다. 강하고 잘 숙성된 치즈도 같은 효과를 낸다. 그것은 맛이 불쾌해지는 선을 넘지 않지만, 그럼으로써 겨우 용인될 수 있는 것이 아니라 그 물질이 덜 진행된 상태에 있는 것보다 실제로 맛이 더 좋아지는 감각 경험을 생산하는 효과이다. "그럼에도 불구하고 약간의 부패는 문제의 물질의 특정한 냄새와 맛을 억제하는 것이 아니라, 실제로 훨씬 더 특유한 냄새와 맛 – 고급스러운 풍미의 현상 – 을 내게 하는 정도까지 강화시킨다."

고급스러운 풍미의 예는 혐오의 역설적 특성을 설명하기 위해 콜나이의 에세이에서 여러 차례 제기되었다. 역겨운 대상은 주체에게 어떤 "섬뜩한 매력"을 발휘하여, 그 대상으로 독특한 흡수를 유도하고 이러한 회피 감정에 자성(磁性)을 부여한다. 이것은 정신분석학자들 쪽에서도 광범위한 추론의 주제이기도 한, 혐오 경험에서 회피 감정과 함께 작동하는 명백한 욕망의 요소를 이해하는 콜나이의 방법이다. 예를 들어, 프로이트는 혐오를 한 주체가 억압된 성적 욕망에 따라 행동하는 것을 금지하는 반동 형성(reaction formation)으로 여겼다. 그러나 콜나이는 그것을 정신분석학의 '환원주의'라고 여기면서 거부한다. 그 대신에 훌륭한 현상학자로서 그의 감정 분석을 의식적인 영역으로 유도하는 것을 선호하는데, 그 영역의 복잡성은 충분히 관심을 쏟을 만한 가치가 있고 우리가 경험의 미묘한 차이에 민감하다면 원하는 모든 해답을 제공한다. 그럼에도 불구하고, 콜나이는 심지어 그도 "혐오의 에로티시즘" – "대상과의 결합을 바라는 욕망의 그림자 위에" 겹쳐지는 일종의 회피 감정 – 이라고 부르는 것에 대해 정신분석학이 인식하고 있다는 것을 환영한다. 우리가 보았듯이, 이러한 혐오스러운 것들의 매력은 그것의 전형적인 특징 중 하나이다. 그러나 콜나이는 무의식을 탐색하기보다는, 매력이 여전히 매력의 흔적이 남아 있는 회피 감정으로 전환된다고 제안하는 것은 바로 과도한 감각 경험 자체에 대한 의식적인 조사라고 주장한다. 미각 경험에서 매력의 전형적인 예인 단맛이 어떻게 빠르게 과잉에 이를 수 있는지 그리고 탐닉이 지속될 때 그 과잉이 어떻게 질리게 하고 불쾌하게 하는지 생각해 보라. 단순한 감각 수준에서도 우리는 혐오스러운 것들의 구조가 작동하고 있는 것을 볼 수 있다. 여기서 콜나이의 관찰은 미각적인 과잉과 성적인 과잉의 다양성에 대한 밀러의 긴 논의를 예견한다.[36] 감각적 쾌락에 대한 지나친 탐닉은 가장 쉽게 이해할 수 있는 매력이 혐오로 전환되는 사례 중 하나이며, 그것은 수치와 사실상 전체 도덕성 자체를 포함하여 혐오와 다른 반동 형성이 관능적 탐닉에 인간 에너지를 소모하는 것을 결정적으로 억제하는 고삐가 된다는 프로이트의 관찰을 이해하는 또 다른 방법을 제공한다. 콜나이가 비꼬는 투로 말하듯이, 혐오는 우리가 쾌락에 빠져 익사하는 것을 막아준다.

혐오와 도덕적 평가

물질적 혐오의 가장 생생한 전형인 부패, 체계가 없는 과도한 생식력 등은 우리가 도덕적으로 혐오스러운 사람이나 상황에 직면했을 때 경험하는 혐오의 반응을 묘사하기 위해 사용하는 언어를 제공한다. 콜나이는 이를 언어적 관행보다 훨씬 더 깊은 무언가를 가리키는 것으로 받아들이는데, 도덕

---

36 William Ian Miller, *The Anatomy of Disgust*, chapter 6, '아름다움은 더럽고 더러움은 아름답다'.

적 혐오가 윤리적 감수성의 중요한 부분이라는 것이다. 그것은 심각한 주의
가 필요한 특정 성격과 행동 결함(비열한 성격, 소름 끼치는 몸짓)을 향한 싫은
감정을 파악하고 느낄 수 있도록 도와준다. 그러나 물질적 혐오를 도덕적
판단 영역으로 확장하는 콜나이의 시도는 몇 가지 독특한 요소를 가지고
있다.

　누구나 예상할 수 있듯이, 섹스는 혐오스러운 것으로 변질될 수 있는 행
동 범주들 사이에서 두드러진다. 달콤한 것이 역겹게 질리게 하는 것으로
확장되는 것은 콜나이에게 사랑과 매력이 적절한 경계를 벗어나 과도해지
고 변태가 되어버리는 근친상간을 상기시킨다. 위(胃)의 범례가 다른 종류
의 과도한 생명력으로 확장되는데, 그것은 다시 특별히 성적 탐닉에서 두드
러지게 된다. 그러나 이것이 콜나이에게는 신체 공포증에 불과한 것이 아니
다. 과도한 영성은 과도한 섹슈얼리티만큼이나 혐오를 불러일으키기 쉬우
며, 콜나이는 (가톨릭에 대한 그의 전적인 헌신에도 불구하고) 난봉꾼의 일탈보다
경건의 과도함을 더 용서하지 않는다. 둘 다 중용(中庸)을 지키지 못한다. 그
것들은 적절한 비율을 초과하여 넘쳐흐르며 불균형해진다. 뒤따르는 구조
의 소실은 모든 종류의 도덕적 곰팡이가 성장하기 쉬운 질척질척한 불활성
을 야기한다.

　콜나이가 본능적인 감각적 혐오에 대한 분석을 도덕적으로 두드러진 반
응으로 확장한 것에 대해 많은 의문이 제기될 수 있다. 혐오 감정의 특징 중
하나는 혐오의 즉각성이다. (뚜렷한 대조를 이루는) 경멸과는 달리, 혐오는 그
대상의 도덕적 적절성에 대한 어떠한 심사숙고한 판단에도 근거하지 않는
다. 오히려 혐오는 독자적으로 부정적인 판단에 근거한다. 혐오는 부패에
대한 민감성, 즉 부패와 부식에 대한 본능적인 반응의 경우에 감지할 수 있
는 그리고 콜나이가 도덕 영역에서도 작동한다고 보는 민감성에 더 가깝다.

일부 독자들은 이러한 확장이 근거가 없다고 여기거나 아니면 아마도 콜나이가 혐오의 언어를 도덕적 판단의 영역으로 단지 은유적으로만 확장하고자 의도했을 것이라고 추정할 수도 있다. 그러나 이것은 콜나이의 시각에 대한 공정한 판단이 아닐 것이다. 그는 혐오를 느낄 수 있는 능력이 감각 영역에서의 부패와 불결함뿐만이 아니라 도덕적 부패와 인격의 불결함에 대한 우리의 인간적인 대응의 문제라고 여긴다. 그는 혐오가 윤리적 감성의 필수불가결한 기초라고 주장한다. 물론 그것은 독자적일 수 없다. 즉, 혐오만으로는 도덕적 비난을 정당화할 수 없다. 그리고 혐오가 극복되기를 적극적으로 요구하는 환경이 있다. 그러나 혐오의 대응이 없다면, 윤리적 안목은 약화되고 피폐해진다. 그가 혐오 안에서 개인적 잘못과 부패한 인격의 특질들에 대한 도덕적 민감성을 보는 정도는 콜나이의 도덕적 실재론의 증거이다. 그러나 열성적인 실재론자도 상관의 명령에 의문을 제기하는 병사의 경우와 같이 콜나이가 제기하는 도덕적 혐오의 대상 사례들에 어리둥절해질 수 있다. (제2차 세계 대전 이후 「혐오」의 초기 영어판을 작성한 엘리자베스 곰브리치와 엘리자베스 콜나이 둘 다 번역본에서 이 사례를 슬쩍 넘어가 버렸다. 여기서 도덕적 혐오의 범위에 대한 콜나이의 평가에 대해 어떤 공통된 의심을 확인하는 것은 어렵지 않다.)

콜나이는 혐오를 도덕적 비난을 위한 신뢰할 만한 출발점으로 취급하지만, 다른 이론가들은 더 신중하다. 윌리엄 이언 밀러와 마사 너스바움은 혐오의 위험한 특질에 주목하는데, 그것은 이 감정의 독특한 힘을 나타내면서 대상으로부터 움츠러들 뿐만 아니라 대상을 비하한다. 그들은 물질적인 대상들과 그것들의 감각적인 특징에 대한 반응에서 이 감정이 기원한다고 생각한다. 밀러의 말대로, "혐오는 아름다움과 추함을 도덕의 문제로 만든다."[37] 너스바움은 혐오의 내용이 항상 의심스러운 신뢰성을 갖고 있으며 사회규범, 특히 법으로 제재되고 강제되는 것들에는 설 자리가 없다고 주장하면서 훨씬 더 신중한 태도를 취하고 있다.[38] 그녀는 혐오스러운 것들의 속성이 얼마나 자주 유대인, 동성애자, 심지어 여성과 같은 사회적 소수자나 힘을 빼앗긴 집단에게 부여되어 왔는지 관찰한다. 따라서 혐오는 불쾌한 사람들과 타인들의 행동을 욕보이고 비난함으로써 부정의의 도구 역할을 해왔으며, 강한 감정적 반응에 기원을 둠으로써 비난을 더욱 강력하게 만들어 왔다. 이것이 콜나이가 혐오를 도덕적 판단의 토대라고 여길 때 염두에 두고 있는 혐오의 사용(또는 오용)인지는 의심스럽지만, 그는 이 문제를 폭넓게 다루지는 않는다. 성적 행동은 신체적인 특성 때문에 그의 물질적으로 그리고 도덕적으로 혐오스러운 것의 범주 모두에 걸쳐 있는 것으로 보이며, 전자는 본능적으로 매우 즉각적이기 때문에 후자에게 특히 완강한 힘을 부여할 수 있다. 너스바움은 혐오가 동성애자들의 억압에 특별히 강하게 작용하고 있는 것으로 본다. 밀러는 어떤 종류의 섹스든 항상 혐오스러우며 초기의 반감이 사랑으로 극복되어야 한다는 프로이트에 동의한다. 콜나이의 섹스에 대한 관점은 눈에 띄게 결벽증적이지는 않지만 분명히 보수적이었다. 여러 차례 그는 혐오스러운 근접성의 사례로서 원치 않는 성적인 접근, 특별히 남성 동성애의 접근을 언급한다.[39]

---

37 William Ian Miller, *The Anatomy of Disgust*, p.200. 〔윌리엄 이언 밀러, 『혐오의 해부』, 358쪽〕.

38 Martha Nussbaum, '"Secret Sewers of Vice": Disgust, Bodies, and the Law,' in Susan Bandes(ed.), *The Passions of Law* (New York: New York University Press 1999); *Upheavals of Thought: The Intelligence of Emotions*(Cambridge: Cambridge University Press, 2001), 특히 4장.

39 콜나이는 성 윤리에 관한 저서를 썼다. *Sexualethik*(Paderborn: Schoningh, 1930). 프랜시스 던롭(Francis Dunlop)은 영어 번역판을 준비하고 있으며, 그는 또한 콜나이의 *Der*

무엇보다도, 인격의 비신뢰성은 도덕적으로 혐오스러운 것의 영역을 나타내는데, 이는 변덕스러운 기분과 비굴한 상황 적응으로 인해 확고한 원칙이 상실되는 경계를 가리킨다. 처음에는 좋은 특성의 존재가 통제 불능이 되고 적절한 구조와 경계를 잃는 것을 의미하는 과잉의 관념은 일반적인 도덕적 연약함 또는 자체의 원칙이나 가치가 없기 때문에 사실상 모든 것을 인정하는 도덕적 무능함의 핵심에 있다. 콜나이는 그가 "과도한 감상주의 (excessive sentimentality)"이라고 부른 것을 싫어하며, 예를 들어 그가 가장 좋아하는 사례인 19세기 러시아 문학의 감정적 감언에서 표현되는 것처럼 감상적인 탐닉의 상대적인 무해함이라고 받아들일 수 있는 것을 고려할 때 예상되지 않는 열정을 가지고 이러한 불쾌감을 표현한다.[40] 콜나이는 대상의 가치 내용과 감정적 반응의 "경악스러운 충만함(stupefying exuberance)" 사이의 불일치 때문에 감상주의를 공격한다. 그는 감상주의를 일종의 도덕적인 고급 취향, 즉 취향을 의도적으로 변태적인 지점까지 배양하는 것에 비유한다. 콜나이는 어린 시절에도 "그릇된 환상뿐만 아니라 장밋빛 환상도" 몹시 싫어하는 경향이 있었으며, 확실히 장밋빛 환상은 감상주의의 함정이라고 언급한다.[41] 콜나이의 에세이에서 다소 특이한 부분으로 보이는 것은 여기에 실린 두 에세이의 집필 사이의 기간에 그가 겪은 정치적 경험을 염두에 둔다면 더 이해하기 쉬운 맥락에 놓일 수 있다. 위에서 보았듯이, 콜나이는

---

ethische Wert und die Wirklichkeit(Ethical Value and Reality, 1927)을 번역하고 있다.

40 빈프리트 메닝하우스(Winfried Menninghaus)는 콜나이가 낭만주의 문학의 감상에 대한 평가에서 카를 로젠크란츠를 따른다고 믿는다('Ekel,' *Ästhetische Grundbegriffe*, p.164). 로젠크란츠의 *Asthetic des Hasslichen*(1853)는 콜나이가 그의 저서 결말의 참고문헌에서 언급하는 혐오 주제의 저작들 가운데 하나이다. 또한 Menninghaus, *Ekel: Theorie und Geschichte einer starken Empfindung*(Frankfurt am Mein: Suhrkamp, 1999)을 참조하라.

41 Aurel Kolnai, *Political Memoirs*, p.5.

북미와 영국으로 순회 망명길에 오르기 전 몇 년 동안 국가 사회주의의 정치적 과잉뿐만 아니라 감정적 과잉도 직접 경험했다. 과도한 감상주의는 지향적 대상이 가지는 가치의 감정적인 왜곡이며, 가장 광범위한 결과를 초래할 수 있는 심오한 도덕적 실패의 토양이 된다. 실제로 감상주의와 그것의 위험에 대한 콜나이의 공격은 나중에 「회피 감정의 표준 양식」에서 반복된다.

대상, 사건 또는 상황의 진정한 본질에 대한 오해는 다른 도덕적 혐오의 범주들 – 거짓말, 허위, 배신 등 모든 형태의 진리의 변질 – 과 연결된다. 콜나이는 거짓말을 묘사할 때 "벌레 같은, 부정직하게 숨겨진 공격성"과 같은 가장 강렬하고 원색적인 언어, 즉 또 다른 종류의 혐오스러운 근접성으로 거짓말을 듣는 사람에게 압박을 가하는 언어를 사용한다. 거짓말은 또한 "자신과 상충되는 생명 물질과 함께 둥둥 떠 있는" 일종의 과잉, 뒤틀린 결말을 맞는 다른 종류의 생명력이다.

과잉, 중복, 적절한 생명 구조의 상실은 모두 혐오스러운 것들의 뿌리에 놓여 있는 '형이상학적 정보'를 형성한다. 이것은 결코 혐오가 도덕적이거나 규범적인 확실성으로 가는 길이라는 것을 뜻하지 않는다. 콜나이는 조심스럽게 너스바움에 동의할 것이다. 초기의 혐오를 극복하고 상황 평가를 재조정하는 것이 도덕적으로 필요한 상황이 있다. 동시에, 혐오는 특정한 가치, 즉 세계가 제시하는 진정한 속성들을 발견하는 방법에 동조된다. (콜나이는 감정만이 통찰력을 제공할 수 있는 가치의 진정한 속성들을 인정하는 마이농과 셸러를 따른다.)[42] 물론 혐오의 방향이 잘못될 수도 있다. 이성의 판단이 그렇

---

42 Alexius Meinong, *On Emotional Presentation*(1917), translated by Marie-Luise Schubert Kalsi(Evanston: Northwestern University Press, 1972); Max Scheler, *Der Formalismus in*

듯 혐오도 성찰과 평가가 필요하다. 감각의 인상이 오도할 수 있는 것처럼, 감정도 오류로부터 자유로울 수 없다. 그러나 이것이 세계의 특질, 가치의 기준과 척도로서 혐오의 중요성을 제거하지는 못한다.

---

der Ethik und die materiale Wertethik, 2 vols.(Halle: Niemeyer, 1913-1916).

On Disgust

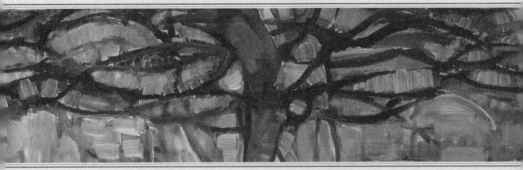

혐오

아우렐 콜나이

서론

내가 아는 바로 혐오의 문제는 지금까지 심하게 무시되어 왔다. 회피 감정이나 불쾌감〔*Unlust*〕은 말할 것도 없이 증오와 두려움〔*Angst*〕에[1] 쏟아졌던 과학적인 (심리학적인 그리고 형이상학적인) 관심과 비교해서, 혐오는 우리의 감정생활에서 공통되고 중요한 요소임에도 불구하고 지금까지 탐구되지 않은 영역이다. 혐오는 기껏해야 '높은 수준의 불쾌감'으로서, '메스꺼움'으로서 또는 '충동의 억압에 따르는 반동 작용'으로서 간간히 논의되어 왔다. 그러나 그 자체로 고려될 때, 혐오의 느낌이나 태도는 독특하고 특징적인 성질을 소유하고 있는데, 그 느낌과 태도는 단번에 명백히 설명하기가 어려우며, (매력과 반감처럼) 자연 세계의 원초적인 현상으로 받아들여질 수 있는 무언가가 아니다. 그러므로 여기서 현상학적 탐구는 매우 적절해 보인다. 혐오가 (예를 들어 두려움과 비교하여) 그 자체의 독특한 강세를 가지고 있고, 그럼에도 불구하고 현저하게 넓은 범위로 확장된다는 점에서 그 주제에 대한 흥미는 더해진다. 우리가 경험할 수 있는 생리적·도덕적 영역 모두에서, 같은 '혐오'가 또는 더 날카롭게 말해서 거의 동일한 성질의 혐오스러움이 아주 작은 색채의 차이를 가지고 나타날 수 있다. (여하튼 생리적인 것이 어느 정도까지 도덕적 영역을 포함한다고 말할 수 있는지는 우리의 탐구 과정에서 더 명확해져야 한다.)

---

1   저자가 이 글 2절의 서두에서 설명하는 것과 같이, 그는 '불안'과 '두려움'을 모두 포함하기 위해 독일어 용어 *Angst*를 사용하고 있다. 다음에서 우리는 후자의 역어를 주로 사용할 것이다 — 엮은이.

따라서 이후의 논의에서 우리의 노력은 현상학적인 영역에 엄격하게 국한되지 않을 것이다. 우리는 여기서 심리적인 문제와 함께 기술적 미학(descriptive aesthetics)의 영역에, 어쩌면 심지어 형이상학에 속하는 현상들에 대해서도 다룬다. 우리의 탐구는 방법론적 관점에서 배타적으로 현상학적인 목표, 즉 혐오의 본질, 혐오의 의미와 지향, 또한 이러한 다른 문제들에 대한 우리의 부차적인 설명이 도움이 될 수 있는 대상 영역의 결합 법칙이라고 부를 수 있는 것을 파악하려는 목표를 가지고 있다. 우리는 이 목표를 두려움의 관념과의 유사성에 비추어 우선적으로 시도한다. 마지막으로 윤리와 관련하여 혐오의 중요성을 짧게 연구할 것이다.

1 혐오의 경계 설정에 대하여

1.1 관점

혐오는 이른바 '방어 반응'의 범주에, 더 섬세하게 표현하자면 (무언가에 대해 느껴진) 불쾌, 증오, 슬픔과 함께 회피 감정의 양식들 또는 (어떤 것에 대한) 전율, 그리고 다른 많은 것에 속한다. 개념적 구분은 많은 관점에서 추구될 수 있다. 우리는 여기서 일곱 가지 관점을 선택할 것이며, 일부 관점 사이에 다른 관점들보다 더 가까운 상호 관계가 존재한다는 것을 부정하고 싶지도 않고, 그것들이 결코 유일하게 가능한 관점이라는 것을 시사하고 싶지도 않다.

(1) 대상 영역에 따라

혐오는 무기물, 즉 비생물학적 물질과는 결코 관련이 없으며,[2] 이것은 두려움이나 반감에는 적용되지 않는 제약이다. 반면 증오와 경멸은 대상 범위가 훨씬 더 좁다. 게다가, 경멸의 대상이 가지는 더 두드러진 윤리적 확정성에도 불구하고, 주된 의미에서 증오는 아니지만 경멸이 지향될 수 있는 종류의 태도 유형들이 있다. 어리석은 생각은 경멸, 즉 불편하지만 혐오는 아닌 느낌을 불러일으킬 수 있다. 위험하지 않은 것으로 알려진 것은 일반적으로 두려움을 일으킬 수는 없지만, 여전히 혐오스러울 수 있다.

(2) 지향성의 양식에 따라

증오와 경멸에서는 지향성의 순간이 전경에 있지만, 혐오의 경우에는 덜 그러하며, 증오의 경우에도 아마도 여전히 덜 그러하고, 악의와 불쾌의 느낌에서는 최소한도로 쇠퇴한다.[3] 특별히 우리를 사로잡을 것은, 지향하는 것, 즉 한 경험에서 의미된 것 또는 지향된 것의 본질이다. 지향성의 정도에서 추가적인 유형의 변동은 슬픔과 – 완전히 다른 방식으로 구조화되어 있지만 – 두려움에서 발견될 수 있다. 진정한 지향성의 부재는 단순한 불쾌〔Unlust〕의 경우에 가능하다.

(3) 주체의 상태에 따라[4]

이것은 단지 지향성 요소의 보충이 아니다. 따라서 증오는 확실히 경멸

---

2   예외적으로 '더러움(dirt)'에 대해서는 이 글의 3절 2(4)를 참조하라.

3   콜나이에게 "지향성(intentionality)"은 대상들을 향한 주어진 정신적 행위나 상태의 방향성의 정도를 의미한다. '지향'과 '지향성'이 대상들을 향한 방향성을 의미하는 철학적 사용에 대한 자세한 설명은 이 책의 서문을 참조하라 – 엮은이.

보다, 혐오는 증오보다, 분노는 혐오보다 확실히 주체의 상태나 조건에 가깝다. 그러나 분노는 주체를 완전히 조건화하며, 아무튼 악의의 감정보다도 덜 조건적인 것은 아닌데, 이것은 분노가 그 사람의 전체적인 상태의 양식이기 때문이다.

(4) 직접성 또는 근원성에 따라

방어 반응은 다소 정도의 차이는 있을지라도 우리의 지식 및 가치를 향한 확립된 굳은 태도에 의해 결정될 수 있다. 이것은 그것들의 직접성 또는 근원성의 정도에 반비례할 수 있다. '경멸'과 '불쾌감'은 여기서 또한 연속선의 두 종점이다. 혐오가 분노보다는 더 첨예하게 지향적이지만, 또한 혐오는 동시에 후자보다 더 근원적인데, 이것은 혐오가 사태의 파악보다는 인상에 더 좌우되기 때문이다. 그리고 나아가 혐오는 질색(abhorrence), 심지어 신체적인 질색보다 더 직접적이고 감각적이다. 왜냐하면 본질적으로 질색은 대부분 일종의 의식적인 정당화를 전제하고, 획득된 지식에 더 의존하기 때문이다. (예를 들어, 질병의 매개체로서 파리에 대해 우리가 질색하는 것을 고려해 보라.)

(5) 자립성의 정도에 따라

다른 부수적인 방어 반응에 대한 의존성과 반대되는 것으로서 자립성의 정도는 위의 의미와 완전히 같지는 않다. 두려움은 혐오보다 더 즉각적인

---

4 콜나이에게 "상태성(conditionality, Zuständlichkeit)"은 주어진 감정이 전체적으로 주체에게 영향을 미치는, 즉 신체적 상태를 포함하여 주체의 전체 조건 또는 상태에 영향을 미치는 정도를 의미한다 — 엮은이.

반응이 아니다. 그러나 반드시 공포를 포함할 필요는 없지만, 모든 혐오의 느낌은 어떻게든 두려움을 암시하기 때문에 더 자립적이다. 실제로, 혐오는 때때로 – 틀린 것이지만, 근거가 없는 것은 아니다 – 두려움의 변형으로 받아들여진다. 대조적으로, 적어도 대부분의 형태에서 경멸은 의심할 여지 없이 혐오와의 관련성을 포함한다. 역으로 도덕적인 종류의 심리적 요소는 예를 들어 증오와 경멸이 질색의 느낌을 채색할 때와 같이 더 물리적인 종류의 반감에 기여할 수 있다.

(6) 신체 연관성의 정도에 따라

혐오와 관련해서 우리는 경멸과 메스꺼움의 두 극단을 생각한다. 분노에 수반되는 더 폭력적인 신체 현상에도 불구하고 증오와 심지어 분노는 혐오보다 신체 현상에 덜 밀접하게 관련되어 있다. 이것은 혐오에 관련된 감각적 인상과 구토라는 신체적 반응의 기색이 분노로 인해 생길 수 있는 격노, 발길질, 던지기보다 훨씬 더 독특하고 구체적인 방식으로 더 필수적인 역할을 하기 때문이다. 모든 종류의 혐오, 심지어 도덕적 혐오도, 비록 더 신체적이지는 않더라도 어쨌든 분노보다는 더 생리적이다. 다른 한편으로 혐오는 메스꺼움 자체만이 아니라 메스꺼움과 연관된 촉각(특히 끈끈함, 축축함, 또는 미지근함)과도 뒤섞여서는 안 된다. 그러나 어떤 의미에서 두려움은 혐오보다 훨씬 더 신체의 상태에 얽매여 있다. 왜냐하면 혐오와 대조적으로 두려움의 느낌이 신체적인 무언가와 관련되어 있다면 그것은 또한 신체 자체와 신체의 '온전함'을 향하게 되기 때문이다.

(7) 반응 특성에 따라

고도로 지향적인 현상인 증오와 전혀 지향적이지 않은 불안감은 모두 이

점에서, 즉 둘 다 상대적으로 약한 반응 특성을 가지고 있으며, 더 '즉각적'이라는 점에서 서로 닮아 있다. 하나는 찾고 선택하고 추구하며, 다른 하나는 자라나고 떠오른다. 두려움과 혐오는 대비되는 진정한 '반응'이다. 그것들은 어느 정도 그리고 지향에 따라 방해하는 영향력에 대한 '적절한' 반응이다. 실제로 의식적인 원인이 없더라도 (증오의 느낌이 아니라) 두려움의 느낌이 있으나, 이것이 모든 두려움 사례의 본질적인 특성에 영향을 미치지는 않는다. 두려움은 정확하게 자체로 그 두려움을 자아내는 '무언가' – 이 두려움으로부터 그것의 소여(所與), 그것의 특징을 획득하는 그리고 아마도 더 무해한 대상들로(공포증) 나타나는 무언가 – 에 직면하는 두려움이다. 증오가 보이는 높은 정도의 지향성에도 불구하고, 공포와 혐오스러움의 특질은 어떠한 증오스러움의 특질과도 비교될 수 없는 방식으로 명확한 유형의 반응 '유발자'로서 객관적으로 존재한다. 증오는 곧바로 적대적이거나 악한 것, 위협적인 것을 향해간다.

1.2 방어 반응의 주요 유형으로서 혐오와 두려움

그러나 혐오와 두려움은 한 쌍을 이루는 것 같다. 혐오와 두려움의 상호 상관관계는 그것들 사이의 차이에 대한 정교화를 통해 혐오의 본질에 대해 더 많은 것을 알 수 있게 해준다. 두려움이 상대적으로 더 단순한 현상을 나타내기 때문에 특히 그렇다. 두려움과 혐오는 지향성과 동시에 어떤 상태에 처해 있음이라는 공통점을 갖고 있다. 이 둘은 비슷한 정도의 직접성과 또한 좁은 의미의 거부 태도의 성격을 함께 갖고 있다. 메스꺼움, 전율은 심리적 현상과 밀접하게 얽혀 있지만, 가장 엄격한 의미에서 감정은 결코 아니다. 그리고 말하자면 불쾌와 반대로, 두려움과 혐오는 모두 신체와 – 이것과 무관하지는 아니지만 – 적어도 일시적으로 인격을 채우는 힘인 심리적 '깊이'와의 밀접한 관련을 나타낸다. 마지막으로 우리는 혐오스러운 것은 무엇이든지 – 아직 완전히 명시되지는 않은 방식으로 – 두려움을 일으킬 수 있는 특정한 어떤 내용들의 관계가 있다고 제안했었다.

그러나 두려움과의 유사성을 조사하기 전에, 어떤 관련된 반응 양식과 대조되는 혐오의 구체적인 특성을 더 강조하고자 한다.

(1) 혐오는 **경멸** – 신체적 영역에 뿌리를 둔 경멸뿐만 아니라 도덕적 영역의 경멸 – 과 대조되어야 하는데, 이는 4절 1항에서 명료해질 것이다.

(2) 혐오스러움은 강화된 **불쾌감**(*displeasure*)이 아니다. 매우 강화된 불쾌감이 혐오와 같이 꺼림칙한 것, 즉 정확하게 혐오스러운 것의 특색을 불러일으키는 경향이 있다는 것은 확실하다. 일반적으로 과장하여 싫고 불쾌한 것을 매력이 없거나, 못마땅하거나, 부담스럽거나, – 그리고 심지어 단순히 강력하거나 크거나 중요한 것 – '끔찍하고' '무서운' 것으로 부르듯이, 편하게 혐오스러운 것으로 지칭하는 것은 우연이 아니다. (2절과 비교하라.) 그러나 불쾌감은 그 자체로는 혐오와 아무 관련이 없다. 왜냐하면 혐오감을 거의 포함하지 않거나 전혀 포함하지 않는('꺼림칙한 것') 특정 종류의 극도의 불쾌감이 있고, 반면에 일종의 약한 혐오의 느낌(약하고 달콤한 부패의 냄새)이 – 그래도 진짜 혐오다 – 있기 때문이다. 우리는 심지어 단순히 미적으로는 반감을 느끼지 않는(예를 들어, 특정 곤충) 대상들을 향한 혐오를 경험할 수도 있다. 혐오는 일반적으로 불쾌감보다는 신체에 더 부착되어 있고 아마도 윤리적으로도 더 관련이 있을 것이다. 그러나 혐오는 불쾌감처럼 일반적이지도 않고 미적으로 지향된 범주도 아니다. 그것은 사실 상당히 다르고 더 좁은 의미의 방어 반응이다. 하지만 여기서 혐오가 두려움보다는 더 미적으로 결정적이라는 점은 이미 인정되었어야 한다. (미학은 대상의 특징들, 즉 상존

재([*Sosein*]와 관련된다. 2절 3항을 보라.)

(3) **질색**(*abhorrence*)은 더 고차원적인 것의 파생물로 혐오, 두려움, 구체적인 가치-지향적 태도[*Werthaltungen*]를 전제로 하고 그 위에 구축되는 무언가이다.

(4) 혐오로부터 몸서리나는 것, 또는 비위에 거슬리는 것이나 **메스꺼운**(*loathsome*) 것의 특색을 구별하는 것은 더 어렵다. 흔히 후자는 불완전하고 다소 더 형식적인 혐오를 함축한다. 사람은 – 엄밀한 의미에서 – 혐오스러운 것의 특성을 갖지 않은 것들, 예를 들어 상하지도 않고 개인적으로 싫지도 않지만 어떤 알 수 없는 이유로 맛이 없는 음식에 의해서만 불쾌감을 느낄 수 있다. 그러한 경우, 혐오의 객관적 경계라고 부를 수 있는 것은 실종된다. 어떤 대상이 잠깐의 연관성 때문에 나에게 아주 싫은 것일 수 있지만, 나는 그것이 그래서 '혐오스럽다'고 여기지는 않는다. (포만감의 개념에 대해 3절을 보라.)

(5) 혐오를 약화된 메스꺼움이라고 해석하는 것은 완전히 잘못된 것이다. 혐오의 경우에는 그렇게 단순한 신체적 기능성에 대한 이야기가 있을 수 없다. 따라서 모든 혐오에 내재된 메스꺼움에 대한 분명한 암시에도 불구하고, 이를테면 미각이나 후각의 인상에 의해 매개되지 않는 혐오가 존재하는 경우에서 실제 메스꺼움의 흔적만을 가진 매우 강한 혐오의 느낌이 존재한다. 그리고 다른 한편으로 압도할 만한 정도의 혐오감이 없는 강한 메스꺼움이 존재한다. 심지어 어떤 경우에는, 질병의 경우 – 신체적 '메스꺼움'은 혐오감이 전혀 없을 수 있다 – 이든 외부로부터의 기계적 영향이 있는 특정한 경우이든지 간에, 최소한도의 제대로 된 혐오감이 없는 메스꺼움이 존재한다. 메스꺼움은 부식성 가스나 혐오를 유발하지 않고 격렬한 구토 행동을 유도하는 입에 맞지 않는 특정한 (비유기적) 물체가 입으로 들어와서 발생할 수

있다. 따라서 혐오는 메스꺼움을 전제로 하지만(두려움 및 도피와 비교하라, 2절), 메스꺼움의 유형도 아니고 메스꺼움이 억제된 형태도 아니다. 혐오가 단지 메스꺼움과 경멸의 혼합이라는 가정은 값싼 비현상학적 농담에 불과하다. 또한 신체적 측면에서 어떠한 실제 구토보다 전율과 더 일치하는 혐오(주로 시각적 인상에 의해 자극되는, 두려움에 가장 가까운 혐오)도 있다.

우리는 혐오와 두려움을 구별하기 위해 애쓰는 가운데, 왜 혐오와 두려움에 조응하는 긍정적이고 즐거운 감정들 사이에 있을 수 있는 어떠한 상응하는 차이도 고려하지 않았는지 질문을 받을 수도 있다. 우리의 답은 그렇게 정확하게 조응하는 반응은 존재하지 않는다는 것이다. 욕망, 쾌락, 긍정, 동감은 실제로 회피, 불쾌, 부정, 반감을 대칭적인 대조로 반영하지만, 그러한 비교들은 변동하며 형식적이고 방향을 지정하는 구조의 영역을 떠나면 바로 타당성을 잃는다. 사랑과 증오 자체는 결코 서로 그렇게 적절한 대조의 이미지가 아니다. 사랑의 정반대는 증오 못지않게 혐오이며, 선한 것에 대한 윤리적 사랑은 단순히 악한 것에 대한 증오에 조응하지 않는다. 그리고 만약 우리가 예를 들어 신뢰, 의존, 또는 자신감을 두려움의 반대로서 이해하려고 한다면, 바로 그 시도는 이미 반대어들 사이의 대칭적 관계를 전제하는 결점을 보여준다. 욕망도, 좋아함도, 매력도 혐오의 적절한 반대어는 아니다. 다른 한편, '욕망을 돋우는' 색조는 비록 실질적인 내용의 색조라 하더라도 우리가 여기서 필요로 하는 것에 비해 너무 좁을 것이다. 따라서 불쾌한 반응은 상당히 뚜렷하게 구체적인 유형(증오, 두려움, 혐오)으로 구별되는 반면, 긍정적인 측면에는 사랑이라는 더 통일된 태도가 있는데, 이는 부정적인 형태와 완전히 유사하지 않은 다양한 방식으로 변형된다. 이러한 차이의 형이상학적 기원에 대해 우리는 아마도 긍정의 행위가 단지 그것이 적응되는 다양한 기능과 대상에 의해 이차적으로 채색되는 주체의 총체적 삶에 대한 좀 더 온전하고 직접적인 표현이라고 추측할 수 있다(사랑은 증오보다 대상에 의해 더 채색된다). 반면 - 이미 그 초기 단계에서 '변증법적인' - 부정의 행위는 특별히 주체가 입은 피해의 종류를 표함으로써 가장 일반적인 형식으로도 그 자체를 '정당화'해야 한다.

2 두려움과 혐오

2.1 두려움과 불안의 지향적 내용

'불안(*Angst*)'이란 용어는 여기에서 불안과 두려움(*Furcht*)의 엄격한 구별을 시사하는 방식으로 사용되지 않는다. 그래서 우리의 관찰에서 실제로 위험한 대상들에 의해 야기되는 두려움의 사례들을 배제하고 싶지 않다. 확실히 불안은 더 좁은 의미에서 어떤 대상과도 엄밀하게 관련되지 않은 일종의 동기 부여되지 않고, 다소 '자유부동하는' 두려움의 상태로 이해될 수 있다. 그러나 우리는 달갑지 않은 사건에 대한 단순한 '염려' 또는 위험의 상상으로서의 두려움 개념('*timor*')과 대조적으로, 강렬하고 '과다한' 공포의 느낌('*pavor*')의 이미지를 계속 유지하기 위해서만 '두려움'이라는 용어를 선호할 것이며, 불안 개념은 더 넓은 의미로 사용할 것이다. 일반적으로 우리는 '정상적인' 대상 지향적인 불안, 즉 **무언가를 직면했을 때의** (비록 모든 경우에 그것에 비례하지 않더라도) 불안만을 염두에 둔다.

두려움이나 불안의 지향적 특성의 유형은 두 가지다. 그것은 완전히 구별되는 두 대상, 즉 두려움이나 불안을 유발하는 것과 그것을 경험하는 주체를 동시에 지향한다.[5] 무언가 위협적인 것이 나타날 때 또는 내가 그것에 대해 생각할 때 나는 두려움이나 불안을 경험한다. 그러나 이것은 분명히 나 자신, 나 개인에 대해서만 그러하다. 그것이 나의 존재의 문제, 나의 관심사의 문제, 나의 영원한 구원의 문제, 또는 내게 소중하지 않은 다른 낯선 관심사의 문제인지는 여기서 논의되는 지향의 특정한 방향성과는 전혀 무관하다. 그러나 가장 전형적인 두려움의 상태가 자아 속에 있는 한 그것은 무관하지 않을 수 있다. 다른 사람, 사랑하는 사람 때문에 두렵다면 그것은 이미 더 복잡한 종류의 감정을 수반하는 어떤 것이다.

진정으로 본능적인 두려움은 그러한 자신에 대한 관심에 달려 있는 것이 아니라 단지 그 두려움을 촉발한 것 앞에서 즉각적인 '깜짝 놀람'일 뿐이며, 그러한 두려움은 결코 자신의 안녕을 위협하는 '지름길'이 아니라는 견해가 있다. 우리는 이러한 견해가 '인과적 결정'과 어떠한 '효용주의적인 피상성'의 관념이 부족한, 성적인 욕망과 생식 사이의 또는 배고픔과 음식 사이의 연관성에 대해서는 아무것도 듣지 못할 유행하는 비이성주의 유형의 표현에 불과하다고 생각한다. 물론 두려움은 신중한 상인이 자신의 이익 기회에 대해 불리한 평가를 내리는 것과 비교될 수 없지만, 그것이 **의미하는** 바는 모든 경우에 주체 자신의 좋음 또는 나쁨이다. 어떤 것으로부터의 **도피**는 어떤 종류이든지 간에 엄격히 목적론적인 의도를 가지고 있지만, 도피는 본능이 최고조에 달한 것, 즉 두려움의 분출일 뿐이다. 두려움의 개념은 위협, 위험, 구출의 개념 및 보호의 필요성과 분리될 수 없다. 경험적으로 이것은 검증이 필요한 것이 아니다. 만약 증거가 필요하다면, 증거는 위협하는 무언가로부터 우리가 완전히 안전하다는 것을 스스로 알게 되는 순간 두려움

---

5 즉, 두려움이나 불안은 두 지향적 대상을 가지고 있다. 그것은 외부 대상 또는 사태뿐만 아니라 자신도 향해 있다 — 엮은이.

이 약간 떨리는〔gruseln〕정도까지 감소한다는 사실이면 충분하다. 이것은 더 이상 '약한 두려움'도 아니다. 두려움의 본능이 사실적 상황에 대한 지식을 통해 이성적으로 통제될 수 있는 용이성은 위험한 동물들을 가둬 둔 우리 앞에서 하는 우리의 행동에 의해 입증된다. 두려움의 흔적은 거의 없다. 적들이 진압된 후에 남아 있는 두려움은, 두드러지게 충분히 자주 불명확한 형태의 억압에 가까우며, 결국 이 문제에서 모든 위험은 정말로 끝났다는 진정한 확신을 동반하는 경우는 거의 없다.

앞에서 언급한 이중적 지향은 또한 내가 나 자신을 두려워할 때와 같이 어떤 명확하지 않은 주변적 사례에서도 존재한다. 이 경우에 자아의 지향적 분할보다 더 명백한 것은 없다. 그리고 이것은 자아 경멸에서 발생할 수 있는 이상적 또는 형식적 자아와 물질적 또는 본질적 자아의 분할이 아니라 물질적인 행동하는 자아 자체의 분할을 의미하며, 그럼으로써 자신의 안녕이나 도덕성에 대한 관심에 기반을 두는 '상위의' 의지적 부분은 더 원초적인 정념에 의해 위협 받는다. 그리고 '대상 없는' 또는 '자유부동하는' 두려움이나 불안도 못지않게 이 이중 지향의 지배를 받는데, 여기서 자신의 자아를 향한 성찰적 관계는 더 큰 정신적 힘을 가지며 더 지배적인 의식적 역할을 한다. 낯설고 위협하는 것은 그것이 무엇인지 알 수 없고 식별할 수 없을 때, 그 본질을 단지 추측만 할 수 있을 때 훨씬 더 심오하게 경험될 수 있다. 이런 종류의 자유부동하는 두려움이나 불안은 단순한 삶의 피로감이나 일반적인 불안과는 근본적으로 다르다. 사람은 어둠에 대한 자신의 두려움만 생각하면 된다. 그것은 아직 명확하게 어둠에 대한 단순한 두려움도 아니고 강도나 유령 같은 것들에 대한 두려움도 아닌, 무언가를 두려워하는 생생한 특성을 가지고 있다. 그리고 실제로 규정할 수 없는 무언가도 – 분명 완전히 규정되지 않는 극히 드문 경우에만 그렇겠지만! – 지향될 수 있다는 것은 의심할 바 없는 사실이다.

그러나 이 이중 지향을 하나로 묶는 것은 무엇인가? 때로 공동체 감정의 경우에 특정한 의미로 발생하는 것처럼 위협하는 대상과 자아가 단일한 실체로 경험된다는 것인가? 그것은 분명 아니다. 지향의 두 극단 사이의 진정한 연결은 순전히 우연적인 것일 수도 있다. 지향은 연관된 사실적 관계〔Sachverhaltsbeziehung〕를 향해, 예를 들어 역사적 관계가 그러하듯 본질을 구성할 수 있는 무언가로서가 아니라 단지 '순수하고' 사실적인 무언가로서 훨씬 더 이것을 향해 정향되어 있다. 두려움의 지향은 확실한 추상성과 사물들의 내적 본질에 대한 무관심으로 특징지어지기 때문에, 위험한 것은 '위험'으로서만 우리 앞에 있으며, 우리 자신의 자아는 주로 존재의 통일성으로서만 지향된다. 그러므로 증오와 대조적으로, 두려움은 대상의 개별적 측면을 통해 그 대상을 '좇아가지' 않는다. 그것을 평가하지도 않고 지향의 그물망으로 그것의 본질에 스며들지도 않는다. 그리고 무언가에 대한 불편한 불안감과는 대조적으로, 두려움은 애초에 자아 내부에 구체적인 관심 영역을 특정하지 않는다. 모든 실제 두려움의 경우에, 위협받는 것이 자신의 목숨인지 또는 말하자면 이 존재의 내용을 채우거나 표상하는 것이 영혼의 구원인지, 생계인지, 사회적 지위인지 아니면 개인적 자유나 심지어 순결인지, 문제가 되는 것은 어쨌든 전체 자아, 즉 자신의 존재 자체이기 때문이다. 비록 두려움은 두려움을 유발하는 것의 거리감이나 불확실한 효과성 때문에 특별히 약할지라도, 여전히 두려움의 지향적 방향성은 항상 위험에 처한 것으로 보이는 가장 궁극적이고 중요한 관심사에 어떻게든 '스며든다'. 그러나 아무리 많은 두려움이 이런 방식으로 주체를 향해 되돌아가는 것처럼 보일지라도, 그것은 두려움이 그 대상에 대해 확실히 직관적으로 파악하고 있지 못하다는 것을 의미하지는 않는다. 사태는 결국 그 자체로 – 예를 들어 불쾌하거나 기이하거나 참을 수 없는 — 두려움을 유발하지 않는다. 두려움을 유발하는 것은 사태 안에 서로의 관계에서 주체와 함께 존재하는 대상, 이미지, 상황, 사건이다. 호랑이는 철창 뒤에서도 여전히 '두려운' 동물이며, 그럼에도 불구하고 호랑이를 보고도 실제로 어떠한 두려움도 느껴지지 않는다면 그것은 '나를 호랑이로부터 지켜주는 차단물이 있다'는 사태의 두려움을 억제하는 의식의 직접적인 결과이다. 그러한 사태 경험의 결정적인 효과는 물론 모든 감정에 특징적인 것이 아니라 두려움의 경우에 특별히 속한다.

2.2 혐오의 지향적 내용

혐오는 지향의 방향과 관련하여 두려움과 구별된다. 혐오의 지향은 훨씬 더 두드러지게 외부를 향해 있다. 혐오는 강한 생리적 효과에도 불구하고 우리가 두려움의 경우에 발견하는 종류의 강력하고 내부를 향하는 지향적 역류가 부재한다. 그리고 혐오는 상당히 다르기는 하지만 혐오가 그 원인인 대상에 연관되는 방식에 의해서도 구별된다. 이 대상은 비교할 수 없을 정도로 덜 도식적이고 또한 덜 역동적인 방식으로 파악되며, 그 대상의 상세한 내용에 더 포화되고 관련되어 있다. 두려움의 경우처럼 대상이나 그 대상의 양태를 구성하는 것은 주체의 생존을 수반하는 사태와의 관계가 아니라 이 대상 자체의 본질적 구성이다. 그 차이를 완전히 이해하기 위해서는 전형적인 발전 과정에서 두려움의 상태와 혐오의 상태가 어떻게 종료되는지 고려해 보라. 전자의 경우, 위협하는 대상이 목격되었을 때, 그것은 지향적으로 계속 동일한 반면, 발생하는 느낌은 주체 자신의 자아와 그의 상태 그리고 미래의 운명에 더 강하게 관련되어 있다. 따라서 위협하는 대상은 그 사람의 자아에 대한 지향의 요동치는 무대에 끊임없는 배경을 형성한다. 혐오의 경우에는 그 반대이다. 처음부터 몸의 떨림과 대상으로부터 돌아섬이 있고, 그리고 실제든 지향적이든 메스꺼움이 있다. 이러한 현상은 혐오스러운 대상의 계속된 현존과 함께 강도 면에서는 증가할 수 있으며, 색조 면에서는 '더 어두워질' 수 있다. 그러나 그 대상과의 접촉을 갑자기 중단시키고 그럼으로써 혐오를 사라지게 할 수 있는 불가결한 망설임과 저항에도 불구하고, 지향의 끝은 대상을 이를테면 탐색하고 분석하며 그 움직임과 지속성에 빠져들면서 그 대상을 뚫고 들어간다. 따라서 혐오는 두려움의 경우에는 결여되어 있는 인지적 역할을 할 수 있다. 두려움은 위험을 인지하게 할 수 있지만, 혐오는 대상에 대한 매우 선명한 부분적 인식일 수 있는 것을 부여할 힘을 가지고 있으며, 이는 본질적으로 꽤 직관적일 수 있다.

동시에 혐오에 수반되는 지향하기는 좀 더 균일하다. 여기에 결정적인 사실적 관계 안에 함께 묶여 있는 두 극단 – 이미지와 같은 대상이라는 극단과 경험을 재흡수하는 극단 – 은 존재하지 않는다. 오히려, 대상은 '회화적(pictorial)' 충만함 속에 그리고 – 그 자신이 일종의 배경으로서 전제되는 – 주체의 '주변'에 속하게 되는 주어진 계기(Anlass)에서 그것이 지향된다는 사실을 통해 지향된다. 그 계기는 이제 단지 문제의 대상의 **근접성**, 즉 혐오 문제에 대해 중심 위치를 획득한 개념일 뿐이다. 근접성은 물론 하나의 계기에 불과한 것이 아니기 때문에 그것 자체는 혐오 감각의 동시적 대상이기도 하다. 사실적 관계로서, 그것은 유발하는 대상과 혐오 느낌의 주체 사이에 가교를 형성한다. 그러나 그와 같이 그것은 두려움을 특징짓는 유발과 주체 사이의 역동적인 인과 관계의 경우에서보다 훨씬 덜 분명한 방식으로 사실적 관계를 제공한다. 따라서 대상의 생생한 특징, 전체 현상의 질적 특징의 통일성(Soseins-Einheitlichkeit)은 두려움의 경우보다 훨씬 더 온전한 형태로 보존된다. '무시무시함'의 어떠한 가시적 성격과 완전히 다른, 더 충만한 의미에서 존재하는 '혐오스러움'의 가시적 성격이 있다. 근접의 순간이 얼마나 많이 이러한 성격에 관여하는지, – 자발적으로 유발된 것이든 강박의 문제이든 – 객관적인 원인으로 생긴 것이 아닌 환상과 같은 혐오의 느낌인 것도, 가능한 한 혐오의 대상을 그 또는 그녀의 감각 기관의 가장 직접적인 경험 영역 내에서 주체에 바로 근접하게 두는 경향이 있다는 관찰로 알 수 있다. 대체로 사태와 관련된 것은 여기서 지향의 이미지 내용에 더 밀접하게 연결되어 있다. 그러나 그 문제는 단순한 것이 아니며, 추가적인 연구를 통해 확실히 더 많은 복잡성이 드러날 것이다.

더 큰 지향의 통일성은 두려움과 대조적으로 혐오의 감정이 지엽적인 감정이라는 사실에 의해 조건화된다는 것을 증명한다. 혐오 감정은 말하자면 그의 피부 표면을 따라 지엽적으로 주체에게, 즉 그의 감각 기관까지, 그리고 다른 형태로 일종의 이차적 지향으로서 그의 상부 소화관과 심지어 어느 정도 유보하여 그의 심장까지 이른다. 그렇다고 해서 혐오 감정이 전체로서의 주체에 이르지는 않으며, 그의 존재 전체에 스며들지 않는다. 주체의 장소와 혐오를 일으키는 대상은 다소 투박하게 조화로운 통일성이라고 할 수 있는 것을 구성하기 위해 합쳐진다. 이 통일성은 혐오의 물질적인 측면도 포함할 것이다. 그것은 단지 혐오스러운 것의 근접성이 고도로 그 효과를 결정하는 경우가 아니기 때문이다. 오히려 근접성의 한 가지 특별한 측면이 결코 단독으로는 아니지만 혐오의 성격을 구성한다. 이것은 가까이 있으려는 의지, 비자기충족성이며, 또는 내가 표현하고 싶은 대로 하면 그것이 부끄럼 없이 그리고 거리낌 없이 우리에게 강요하는 것이다. 혐오스러운 대상은 우리를 향해 이를 드러내고 히죽거리고 악취를 풍긴다. 그것이 이러한 효과와 그에 따른 반응을 성취하는 방식은 근접의 순간에 대해 더 많은 것을 밝혀줄 것이다.

혐오스러운 대상이 느껴지게 되는 방식은 증오의 대상이 부과되는 양식과는 다르다. 이미 언급했듯이, 후자는 독립적인 공통의 특질로서 존재하지 않는다. 왜냐하면 증오는 적대적 행동, 구애의 거절 등에 의해 윤리적 불승인을 불러일으키는 무언가에 의해 야기될 수 있기 때문이다. 유사한 외적 환경 아래에서 증오 대신에, 핵심적인 감정으로 확고해지는 것은 경멸, 개선의 욕망, 두려움, 슬픔일 수 있다. 따라서 증오는 완전히 즉흥적으로 대상을 고르거나 선택하는 반면, 혐오는 대개 문제의 대상에 대해 유일하게 가능한 직접적 반응으로서 전적으로 분명하게 유발된다. 여기서 유발하는 것은 대상의 행동이다. 그것은 증오의 대상보다 더 큰 강도로 우리를 압박하며, 비록 완전히 먼 대상들을 향한 증오가 드물기는 하지만 이것은 사실이다. 실제로 마치 혐오의 대상 자체가 어떻게든 영향 받는 주체에게 손을 뻗치는 것처럼 보인다. 그러나 두려움을 일으키는 대상들의 경우에서처럼 괴롭힘이나 위협의 징후는 없다. 이것은 혐오의 역설이다. 불안이나 두려움과 같이 혐오는 그 또는 그녀에게 분명하게 지향되는 정서에 관한 주체의 진정한 수동적 방어 반응이다. 혐오는 말하자면 주체에게 다가온다. 그러나 증오와 같이 일단 유발되면, 주체 자신의 개인적 조건에 따라 발전하는 대신 대상의 전체 본질을 찾아낸다. 두려움이 대상으로부터 자유로워지고 분리되는 것을 목표로 하고, 증오가 대상을 소멸시키거나 또는 적어도 약화시키거나 변형시키려고 하는 경우에, 혐오는 중간 정도의 위치를 차지한다. 확실히 혐오의 **발현**과 관련하여, 혐오가 야기하는 **행위**는 주체를 '편안히' 놓아두기 위해 혐오의 대상을 주체의 환경으로부터 제거하려는 지향을 더 수반한다. 그러나 실행 방식과 관련하여, 혐오에서 예비적인 적극적 지향은 두려움의 경우들과 본질적으로 다르다. (불가피한 경우, 내가 공격을 물리칠 수 있고, 공격자를 제압할 수도 있다고 느끼는 경우들에서도) 두려움은 대상을 위협하는 무언가로서, '내 자신보다 더 강한' 무언가로서 지향하지만, 혐오의 지향에는 대상에 대한 확실한 낮은 평가, 우월감의 느낌이 있기 때문이다. 혐오를 유발하는 것은 원칙적으로 위협하는 것이 아니라 – 단순한 교란은 그 자체로 아무리 강할지라도 혐오를 유발할 수 없지만 – **교란하는**(disturbing) 것이다. 혐오스러운 것으로 인식되는 것은 항상 중요하게 여겨지지 않을 무언가일 것이다. 그것은 파괴되지도 않고 우리가 도망쳐야만 하는 무언가도 아니지만, 격리되어야만 한다. 즉, 두려움이 주로 나를 나의 주변으로부터 물러서도록, 나의 환경이나 상황을 바꾸도록 강제하는 곳에서, 혐오는 훨씬 더 나로 하여금 나의 주변을 깨끗하게 하고, 그 속에 있는 혐오스러운 것을 제거하게 한다. 그럼에도 불구하고, 이것 역시 대상의 밖으로의 방향 전환과 그 대상의 확실한 '포획'을 결정한다.

여기서 혐오의 역설을 더욱 밝히는 데 기여할 수 있는 무언가 다른 것이 떠오른다. 혐오의 경우에 내재한 **도전**은 위협, 심지어 미약하고 우스꽝스러운 위협, 또는 (일이나 생활 질서의) 단순한 교란의 경우와는 완전히 다른 의미를 갖는다. 의심할 바 없이, 혐오에는 부분적 요소로서 숨겨진 어떤 유혹 – 어떤 섬뜩한 매력이라고 할 수 있는 – 이 있다. 이것은 비현상학적으로 들릴 수 있으며, 틀림없이 정신분석학적이다. 그리고 사실 나는 여기서 정신분석학적인 일련의 사고를 따르고 있다. 하지만 그럼에도 불구하고 나는 현상학적 기반 위에 계속 서 있기를 희망한다. 왜냐하면 다른 어떠한 것보다도, 모든 증오의 사례를 '억압된' 사랑으로, 모든 사랑의 사례를 '과잉 보상된' 증오로 해석하려고 하는 역설로 가득 찬 심리학적 환원의 어두운 주문으로부터 면역되어 있다고 여기기 때문이다. 그러나 여기에는 특정한 제약일 수도 있고 세련되고 준엄한 파토스(pathos)일 수도 있는 독특한 강조점이 존재하

징들, **상존재**의 양식을 향한다는 것이 드러난다. 그러나 우리는 즉시 다음과 같은 사실을 덧붙여야 하겠다. 두려움에도 이러한 현존적 상황 자체가 어느 정도 두려움의 대상의 상존재에 응결되어 있지만, 혐오의 경우에는 상존재의 양식이 근접성이라는 현존적 요소를 통해, 적절한 주체의 환경을 통해 고정된다.

여러 사실이 두려움에 관해서는 현존재를 향한 핵심적인 지향을 위해, 혐오에 관해서는 상존재, 즉 제시된 대상의 구체적 특징들을 향한 핵심적인 지향을 위해 증언한다. 두려움은 혐오보다 그 또는 그녀의 전체 감정적 상태에 훨씬 더 침입해 들어가서 주체에 비교할 수 없을 정도로 스며든다. 사태와의 관계를 보면, 한 경우에는 존재와의 진정한 관계이지만, 다른 경우에는 단지 존재의 우연적인 단면과의 관계의 문제일 뿐이다. 두려움과 혐오 모두 외부 대상을 초점으로 가지고 있지만, 혐오만이 외부 대상들과 그것들의 본질에 달려 있으며 또한 그것들에 대한 초점을 유지한다. 두려움은 그 대상들의 인과적 영향 아래 있는 주체 개인 안에 존재적 변화의 지향으로 넘어간다. 두려움은 존재의 주장, 그것의 지향의 사태를 향한 의지와 결합되어 있다는 점에서 증오와 유사하다. 혐오는 공통적으로 낯선 대상의 침입과 관련하여 증오와 유사하다. 두려움은 한편으로는 무서워함 및 무의지(non-willing)에 비견되며, 다른 한편으로는 무언가를 원함 및 자기 확인의 충동과 비견된다. 그러나 혐오는 반감에 비견된다. 두려움의 경우, 감각은 주로 정보의 문제이고, 혐오의 경우는 주로 즉각적인 대상이다. 오직 이차적으로만 한쪽에는 '무서움'이라는 통일된(아마도 가시적인) 특질이 다른 쪽에는 연관성을 통해 혐오의 야기나 강화가 존재한다. 두려움의 반대로서, 우리는 소망을 포함시킬 수 있다. 혐오의 반대로서는 식욕 또는 특정한 사물에 대한 욕구, '열망'을 포함시킬 수 있다. 그러나 즉시 우리는 이러한 '반대

항들'이 서로 다른 구조의 관계라고 느낀다. 어떤 것에 대한 증오가 말자하면 객관적으로 반대인 어떤 것에 대한 사랑에 조응하듯이, 어떤 것 앞에서 느끼는 두려움은 주관적으로 반대인 어떤 것(즉, 위협적인 것 대신에 도움이 되는 것)에 대한 소망에 조응할 것이다. 그러나 어떤 것에 대한 혐오와 관련하여, 우리가 욕구를 갖게 되는 것은 실제로 그 자체로는 전혀 혐오스러울 필요가 없는 혐오의 대상과 다소 유사할 수 있다(양면성을 비교하라). 혐오의 전체적인 지향 관계에서, 우리는 적어도 형식적인 관점에서 역동적인 실존적 요소의 배제를 의식한다. 그리고 이것은 혐오의 발생에서 거부하는 취향 판단의 역할에 조응한다.

두려움과 혐오는 분명 방어 반응이기 때문에 본질적으로 (증오나 공격성처럼) 낯선 존재를 지향하지도 않고 또 (뉘우침이나 수치처럼) 주체 자신의 어떤 상태를 지향하지도 않는다. 두려움과 혐오 모두는 오히려 낯선 대상으로 인한 주체의 현존에 발생할 장애를 지향한다. 이 둘은 다음과 같은 점에서 서로 다르다. 두려움의 경우 현존적 상황과 낯선 존재의 성향이 두려움의 어떤 상태를 가장 중요하게 구성하는 요소인 반면, 혐오의 경우 그 대상의 전체 특징이 주된 결정 요인이다. 그것은 단지 얇은 줄기의 실제 존재에 연결되어 있지만, 또한 더 넓고 더 흐릿한 실존적 배경을 가지며, 혐오의 내용에 대한 조사만이 이를 밝혀낼 수 있을 것이다. 낯선 존재를 향한 지향은 혐오와 두려움에 기반을 두는 방어 반응에서 순전히 파생적인 방식으로만 따를 수 있지만, 증오의 지향은 대상의 상존재로부터 현존재로 단 한 번의 도약과 함께 이동한다. 사실상 이런 의미에서 증오는 현존재와 상존재를 구별하지 않는다. 이러한 이유로 인해 증오할 만한 것의 뚜렷한 특질이 없으며 따라서 공상에 사로잡힌 증오는 공상에 사로잡힌 두려움이나 혐오의 느낌보다 훨씬 덜 가능하다. (증오는 두려움이나 혐오보다 그 대상을 '실재'하는 것으로 간주하며, 그것을 비교할 수 없을 정도로 더 심각하게 받아들인다.) 그리고 두려움이나 혐오와 같은 현상은 마찬가지로 자신을 향해, 자기 자신의 기질을 향해 이차적으로만 정향될 수 있다. 이것은 - 예를 들어 자신의 육체적 병약함에 대한 혐오의 경우를 제외하면 - 뉘우침과 수치의 경우보다 비교할 수 없을 정도로 더 많이 '자신 안에 낯선' 어떤 것의 문제이다. 뉘우침과 수치의 특질은 자신을 향한 부가적인 지향과 함께 결코 어떤 낯선 행위에 대한 불승인으로부터 도출될 수는 없다.

현저하게 밀접한 혐오와 적극적 접촉 및 대상(대상의 양면성)에 대한 확정적 파악 가능성의 관계, 상대적으로 지연되는 수용과 거절의 분기점, 이 모든 것은 혐오의 핵심이 형식적으로 어쨌든 그 대상에 대한 애초의 끌림을 포함하여 이러저러하게 있음의 경험이라는 사실과 관련되어 있다. 두려움이 주체의 존재에 대한 우려로부터 나오는 반면, 의심스러운 낯선 대상은 이미 초기 상태에서 위협적이고 피해야 할 무언가로서 스스로 직접 나타낸다. (다시 말하지만 증오의 경우 '시초의 확인'은 부재하다. 여기서는 감정의 직접적인 반응이 없으며, 혐오에서와 같은 대상을 향한 기능적인 관심의 전환이 감정적으로 충만한 대상 자체의 이미지 속에 나타나지 않는다. 증오감은 찾아내고 공격하고 전멸시키려는 확고한 지향적 순간들을 포함하지만, 혐오는 말하자면 대상과의 결합에 대한 욕망의 그림자 위에 겹쳐지는 대상을 향한 관심 전환의 순간만을 포함한다.) 혐오의 경우에도, 기저에 존재를 향한 일반적 지향이 있다. 그러한 지향에 힘을 입어야만 혐오가 나올 수 있다. 왜냐하면 심리적 동요는 자신의 존재의 지향을 전제하기 때문이다. (두려움의 경우에서처럼, 이러한 지향만이 일차적이거나 형성적 의미에서 결정적인 것은 아니다.) 이러한 이유로 혐오는 종종 두려움의 단순한 변형, 즉 우리가 어떤 식으로든 혐오스러운 것에 대한 두려움 - 하지만 독특한 추가적인 성질로 특징지어지는 두려움 - 을 경험해야 한다는 개념으로 이해되어 왔다. 많은 혐오스러운 대상은 잘 알려진 바와 같이 해롭거나 위험하지만, 인간이 붙잡고 짓밟을 수 있는 자연, 생명체들 그리고 사건들의 힘과 같이 가장 좁은 의미에서 두려운 것에 속하는 열린 위협의 제스처를 직접적으로 보여주지는 않는다. 혐오스러울 수 있는 것은 상한 음식이나 특정한 해로운 곤충과 같은 훨씬 더 많은 것들이다. 그러나 이러한 생각은 쉽게 방어하기 힘들다. 왜냐하면 혐오와는 전혀 상관없는 숨겨진 그리고 모호한 위험과 관련된 잘 알려진 두려움이나 불안의 유형이 있기 때문이다. 혐오를 일으키기 위해서는 은밀한 위협을 일으키는 요소들과는 완전히 다른 요소들이 필요하며, 혐오스러운 대상들이 있는 곳에서는 그러한 은밀한 위협이 전적으로 부재할 수도 있다. 그럼에도 불구하고 우리는 이 정도는 주장할 수 있을 것 같다. 즉, 혐오의 대상은 뻔뻔하고, 눈에 거슬리고, 유혹하는 어떤 것뿐만 아니라 숨겨지고, 비밀스럽고, 다층적이고, 기이하고, 불길한 어떤 것과 연관되기 쉽다는 것이다. 요약하자면 그것은 조롱하는 어떤 것이다. 혐오스러운 모든 것은 그 안에 예를 들어 독이 있는 빨간 베리나 화려하게 화장한 얼굴과 같이 돋보이기도 하면서 동시에 베일에 싸인 무언가를 가지고 있다. 아마도 그것의 실질적인 내용에 대한 우리의 상세한 서술에서 이 혐오의 순간을 좀 더 정당하게 다룰 수 있을 것이다. 여기서 중요한 것은 혐오에도 상당히 구체적인, 전적으로 일반적이지만은 않은, 방어로서 색조의 틀을 구성하는 실존적 지향(현존을 향한 지향)이 있다는 것을 나타내는 것일 뿐이다. 이것은 '교란'의 순간, 즉 대상의 상존과 눈에 거슬리게 근접한 대상으로부터 '흘러나오는' 어떤 것이 됨의 순간을 포함하지만, 그것은 또한 어떤 유보, 즉 대상 쪽에 잠복해 있음을 포함한다. 따라서 방어의 색조는 주체 자신의 현존과 안전을 향한 어떤 역관계에는 절대적으로 결여되어 있다.

반면에 두려움의 감정도 처음부터 주체의 조건과 형성을 향한 지향을 아우르지만, 이러저러하게 있음의 순간은 두려움의 경우에 고정된 지향성의 지렛대의 역할을 하는 두려워하는 대상의 이미지 속에서 권리를 주장한다.

그러나 그럼에도 불구하고 혐오의 특징일 수 있는 종류의 상존의 지향을 해부하거나 분석하는 일은 일어나지 않지만, 두려움은 어쨌든 무서운 대상 주위에 스스로를 묶어놓는 데 성공한다. 그러므로 혐오의 역설에도 불구하고 혐오의 지향 구조는 그 둘 중 더 단일하고 독립적인 것으로 나타나며, 특별히 우리가 상대적으로 광범위한 신체적이고 도덕적인 혐오의 통일성을 관찰할 때 결과적으로 그 대상에 대한 현상학적 분석을 통해 혐오의 근본적인 본질로 더 깊이 꿰뚫고 들어가기를 희망할 수 있다.

3 혐오스러운 것들

3.1 감각과 혐오

혐오 감각의 주된 전달자는 후각, 시각 그리고 촉각이다. 우리가 아는 바와 같이 신맛, 단맛, 쓴맛, 짠맛 등 네 가지 근본적인 차이를 가진 미각은 현재 관점에서 보면 후각으로 환원될 수 있다. 사실 상응하는 냄새와 명백하게 연관될 수 없는 단일한 역겨운 맛은 없다. 그러나 연관된 혐오 감각이 지닌 쓰고 달고 신 성질은 더 분화될 수 있다. 냄새와 맛은 어떤 경우에도 밀접하게 결합되어 있으며, 후각이 미각에 의해 흡수되는 것보다 미각이 후각에 의해 흡수되는 경우가 더 많다. 왜냐하면 생리학적 고려와는 상당히 별개로 순수하게 경험적으로 볼 때, 후각은 비교할 수 없을 정도로 광범위한 부류의 대상들을 수용하며, 더 좁게 이해되는 하나의 '감각', 즉 대상 부여기능으로서 간주되기가 더 쉽기 때문이다. 확실히 혐오와 단맛의 성질 사이에는 상당히 특별한 관계가 존재한다. 그런 단맛이 혐오를 유발한다고, 심지어 단맛이 다른 기본 맛들보다 더 높은 정도로 혐오스러운 맛 구성의 전형이 된다고 단순하게 말할 수 없다. (이것은 실제로 쓴맛의 경우에도 그러할 수 있다.) 단맛에 대한 혐오 – 문제의 요리를 먹는 데 관련된 세부적 환경, 즉 결합 요소들에 완전히 의존적인 경험 – 는 '달콤한' 또는 '설탕 같은' 것으로 여겨지는 것의 이미지에 대한 인식을 전제로 한다. 그것은 '고차원'의 혐오를 나타내며, 실제로 우리는 도덕적 혐오에 관한 절에서 이것을 다시 간략하게 고려하는 것이 적절하다는 것을 알게 될 것이다.

　다소 미묘한 예외는 무시하고, 좀 더 인식하기 어려운 것은 청각적 혐오의 경험이다. 이것은 듣기가 어떠한 실질적인 지향성을 결여하고 있다는 사실, 즉 듣기는 그 대상으로부터 분리되어 있다는 사실에 의해 설명될 수 있다. 소리와 소음은 단지 대상들의 존재만을 드러낼 뿐 시각, 촉각, 후각에 대해 말할 수 있는 의미에서 대상들을 '나타내지' 않는다. 보기, 만지기, 그리고 냄새 맡기는 다양한 측면에서 물질적 대상들을 파악하며, 각각은 넘어설 수 없는 본질적인 한계에 시달리지만, 청각에는 낯선 일종의 즉각성을 지니고 있다. 모양과 색, 표면과 농도, 냄새와 맛은 그것들의 '소리', 그것들이 내는 소음보다 지각된 대상의 구성에 비교할 수 없을 정도로 큰 기여를 한다. 그것은 마치 소리가 소리를 발생시키는 대상으로부터만 소리의 '근원'을 획득하여 그 이후 그 자체의 본질, 어쩌면 그 자체의 세계를 구성하는 것과 같다. 바로 이것으로부터 청각은 소리의 세계 안에 있는 비지향적 감각-우주(sense-cosmos)의 가능성, '순수한 음악'의 가능성과 함께 (대상-관계로부터 멀리 떨어져 있기 때문에) 그것의 '분석적' 특성을 획득한다. 심지어 소리에 대한 두려움은 아주 작은 정도로만 존재한다. 인쇄된 포르노 이야기에 혐오가 보인 것에 대한 혐오에 비하면 매우 적듯이, 언어적 소통에 의해 전달되는 위험한 어떤 것에 대한 두려움에는 청각적 두려움이 거의 없다. 천둥소리나 위협적인 굉음에 대한 두려움처럼 완벽한 청각적 두려움의 사례조차도 어떤 위협적인 광경에 대한 두려움의 경우보다 훨씬 더 큰 정도로 이러한 현상들의 근원에 대한 생각과 그것들로부터 파생되는 가능한 위험에 대한 생각을 전제한다. 위에서 언급된 예외에는 감상적이거나 관능적인 음악, 특별히 불쾌한 소리, 또는 마찰 소음에 대한 혐오가 포함될 수 있다. 그러나 음탕한 속삭임이나 해충이 기어 다니는 종이 조각의 바스락거리는 소리에서 혐오스러운 것이 얼마나 귀에 혐오스러운 무언가일까? 확실히 귀가 칭찬을 듣기 좋아한다는 의미에서가 아니라 귀가 조화로운 소리를 듣는 것을 즐긴다는 의미에서 그러하다. 불협화음은 혼란스러운 색깔 패턴만큼 혐오스럽지 않으며, 들리는 것의 영역에는 어떠한 것도 가시적인 혐오스러운 대상에 해당하지 않는다. 모든 청각적 혐오는 상당한 정도로 '도덕적 혐오'이다. 그것은 가시적 혐오가 훨씬 더 큰 정도로 지향의 배경에 할당되는 대상들에 의한 연쇄 속에 요청되는 연관성의 충분함을 전제한다. 어떤 종류의 맥주에 취한 듯한 굵은 저음을 혐오스럽다고 느낄 때, 그로 인해 주취(酒醉), 불결한 숨결 등의 도덕적 역겨움을 생생하게 떠올린다. 씹는 소리 그리고 입맛 다시는 쩝쩝 소리는 탐욕과 폭식을 그리는 시각적 초상화를 소환한다. 유혹적인 멜로디를 혐오스럽다고 느낄 때, 내가 경험하는 감각은 혐오를 느끼는 것은 **나**이고, 그것은 진정으로 혐오스럽고, **너무나** 혐오스럽고, 지금 내 기분에서는 그것을 혐오스럽게 생각한다 등의 느낌에 의해 생생하게 채색된다. 썩은 냄새, 흐느적거리는 신체의 느낌 또는 배가 터져 열린 느낌과 거의 흡사한 어떤 것을 청각 영역에서 찾는다는 것은 헛된 일이다.

　그러나 냄새, 시각, 촉각도 혐오를 똑같은 정도로 뒷받침하지 않는다. 왜

나하면 혐오의 진정한 원천은 후각이기 때문이다. 혐오스러운 냄새 유형은 다른 혐오스러운 형성물보다 더 견고한 통일성을 보이며, 연관되는 부수적 기능은 덜 필요하다. (전체를 부분적으로는 강화하고 부분적으로는 제약하는, 언제나 미각에서 파생된 순간들을 포함하는) 후각을 통해 상부 소화관은 가장 직접적인 방식으로 영향을 받는다. 구토가 가장 자주 유발되며, 근접의 순간이 가장 강하게 집중된다. 또한 후각 기관을 통해 낯선 대상의 작은 입자들이 주체 안으로 체내화되며, 낯선 대상〔상존재〕에 대한 친밀한 파악을 가능하게 한다. 후각이 혐오에 대해 가지는 주된 중요성이 뿌리박고 있는 곳이 바로 후각에 의해 가능해진 **친밀성**이며, 이것은 먹는 경험으로 되돌아가는 충동과 관계가 있다. 여기서 이미 혐오, 냄새, 부패, 부식, 분비물, 생명, 영양분 사이의 상호 연관성에 관심이 쏠릴 것이다. 여기에 두려움의 경우에는 완전히 결여되어 있고 증오의 경우에는 그러한 자연주의적으로 정의 가능한 형태로 존재하지 않는 다양한 종류의 지향 사이에 다양한 상호 연관성이 있다. (근본적인 지향적 특성을 비교하라: 일반적으로 혐오스러운 상존재들).

다음으로, 촉각이 뒤따라야 하는 것이 분명해 보인다. 촉각은 후각만큼 높은 수준의 친밀성을 연상시키지는 않지만, 훨씬 더 강조된 형태로 근접의 순간을 수반한다는 특정한 측면에서 시각보다 더 친밀하다. 우리는 혐오스러운 대상과 접촉하고 있음, 그 대상이 우리에게 밀착되어 있음, 심지어 그 대상이 우리의 신체에 들러붙어 있음의 모티브만 생각하면 된다. 그러나 여기서 후각의 양상들 사이에서 발견되는 것과 같은 분명하고 날것 그대로의 혐오 색조는 이제 존재하지 않는다. 그것은 이미 혐오스러운 부패의 특성을 완전히 무시하고 수상한 음식 종류들에 대한 맛을 얻을 수 있는 특별한 변태성을 요구한다. 그러나 실제로 아스픽, 과일 젤리, 퓌레(Purées, 과일이나 삶은 채소를 으깨어 물을 조금만 넣고 걸쭉하게 만든 음식 - 옮긴이) 등의 맛을 얻기 위해 혐오의 느낌을 극복할 필요가 있을까? 그리고 무기력감, 질척질척함, 끈적끈적함 그리고 실제로 부드러운 모든 것에 대한 촉각적 인상이 혐오스러운 것에 포함되어야 한다. 아니 오히려 이런 것들은 혐오스러워지는 소질을 보인다.

촉각의 경우, 이미 새로운 결정 요소를 보유하고 있는 어떤 부가적인 복잡성을 인식할 필요가 있다. 이것은 모든 혐오스러운 대상의 원형이 부패해 있는 것처럼 보인다는 사실에서 분명해질 것이다. 예를 들어, 고름, 곪은 상처를 만짐으로써 생기는 혐오 또는 썩는 살이 부드러워지는 것을 생각해 보라. 부패에는 하나의 특정한 거대한 냄새 복합체가 있는데, 이는 간접적이긴 하지만 부패하고 있는 유기체들에는 특징적인 촉각적 일관성이 있다. 마지막으로 접촉의 물리적 근접성은 음식물의 영역에 이어 친밀한 결합의 두 번째 주요 영역인 섹슈얼리티의 방향으로 인도한다. 섹슈얼리티는 우리에게 엄청난 수의 혐오 순간을 제공한다. 섹슈얼리티와 혐오와의 연관성이 더 느슨하다거나 적어도 원형적이지 않다는 것은 나중에 논의될 것이다. 현재로서 우리는 성적 거부가 특정한 기능적 특성에서 구토에 해당하는 어떤 유사체로 제시될 수 없다는 것만 주목한다. (외부 생명 물질과의 친밀한 접촉이라는 아이디어는 섹슈얼리티에 핵심 요소이다. 아래 더럽힘에 대한 논의를 비교하라.)

시각적 혐오의 경우는 또 다르다. 시각은 촉각이나 후각과는 다른 방식으로 그 대상을 나타낸다. 한편으로 시각은 비교할 수 없을 정도로 더 다면적이고, 포괄적이며, 적절한 대상의 이미지를 줄 수 있다. 무언가를 '보는 것'은 '냄새 맡기'나 '만지기'와는 전혀 다른 의미로 대상을 '아는 것'을 의미한다. 다른 한편, 단일한 시각적 인상, 즉 단순한 광학적 인상은 냄새나 촉감처럼 대상의 본질을 파악할 수 있는 영역으로 우리를 이끌지 못한다. 보는 것과 담론적 앎 사이에 밀접한 관계가 존재하는 것처럼 냄새 맡기 및 만지기와 예민하지 못하고 일방적이며 전체로서의 대상과의 관계에서 '신뢰할 수 없지만' 여전히 충분히 깊게 도달할 수 있는 '탐색하기' 또는 '느끼기' 사이에도 어떠한 관계가 존재하기 때문이다. (여기서 만지기는 냄새 맡기보다 보기와 더 유사성을 갖고 있다.) 달리 표현하면, 시각적 감각은 대상의 색상, 선, 관점 등과 함께 또는 확실히 이것들 중 일부와 함께 대상을 완전히 구성하고 완전히 형성된 다양성으로 나타낸다. 적어도 이것은 시각적 감각의 가장 두드러진 기능이다. 선이나 색이 이미 많은 것을 말할 수 있다는 것은 주변적 사례나 축약된 비유적 표현을 가리킨다. 새로운 선(또는 색)은 많은 것을 알려줄 수 있지만, 우리가 이미 친숙한 일부 다양성 내에서만 가능하다. 아니면 그것은 순전히 연역적 외삽의 문제이다. 밤에 빛나는 빨간 랜턴은 (대략적인 형식으로도 전혀 그 특징을 나타내지 않고) 전체 철도 열차를 보여줄 수 있다. 이미 본질적인 근원적 성질을 더 잘 표현하는 현상은 예를 들어 갑자기 붉어지는 현상(홍조) 또는 가는 선이다. 그러나 혐오로 되돌아가면, 일반적으로 부패에 특유한 색과 외양의 질도 실제로 존재한다. 그러나 그것들은 냄새나 심지어 촉각적 인상의 경우보다 훨씬 덜 강조되고 덜 뚜렷하다. 연관 요소의 경우에는, 연역적('삼단논법적인') 요소조차도 여기서는 훨씬 더 눈에 띄는 방식으로 표현된다. 그럼에도 불구하고, 여기에는 적절한 종류의 한층 더 전체적인 특질이 존재하며, 따라서 진정한 시각적 혐오도 존재한다. 오직 시각적 혐오만이 다른 혐오의 양상들에서 – 다른 혐오의 양상이 시각적 혐오에서 발견되는 것보다 – 더 많이 발견된다. 혐오의 형성(과 아마도 혐오의 배양)은 촉각과 마찬가지로 냄새에 유전적으로 결합되어 있으며, 그제서야 – 적절한 때에 – 시각과 결합된다.

이 모든 것은 다음과 같이 정식화될 수 있다. 후각은 후각의 탁월성 덕분에 적절한 혐오 기관이다. 후각은 '상존재를 친밀하게 파악하는' 기관이다.

그러나 시각은 대상의 특징을 포괄적으로 파악하기 때문에 친밀성에 대해서는 부적절함에도 혐오의 고유한 특질을 '단번에' 나타낼 수 있다. 시각은 시각적 내용의 결정을 통해 더 일차적인 후각적 혐오 특질을 중심으로 다시 지향하게 된다.

나아가 부패의 대상-범위 사이의 연결이 이미 후각적 혐오의 경우보다 촉각적 혐오에서 더 느슨하다면, 시각적 혐오의 경우에는 훨씬 더 느슨해진다. 사실 이미 부패와 거의 관련이 없는 (아직도 일부 남아 있지만) 한 가지 비교적 단순한 혐오스러운 것의 시각적 특질이 있다. 그것은 기어 다니는 곤충들이 떼로 태어나는 모습에서 비롯되는 시각적 인상이다. 그러나 우리는 여기서 부패의 냄새에서 발견되는 것과 같은 절대적인 역겨움의 종류에 대해서는 말할 수 없다. 왜냐하면 문제의 시각적 혐오가 관련된 생명체의 특정한 구조에 의해 크게 좌우되기 때문이다. 중요한 것은 대상이 주로 다수로 나타나며 정확하게 이러한 측면을 통해 혐오가 발생하는 곳에서 시각은 혐오 감각으로 고려되는 것처럼 보인다는 것이다.

3.2 물리적으로 혐오스러운 대상들의 유형

이 절에서는 특정한 종류의 혐오의 전형적인 대상들을 개관하여 제시할 것이다. 그러한 혐오의 핵심 특징은 혐오가 개별적인 감각 기관이 수행하는 서로 상이한 역할에 대한 어떠한 체계적인 조사도 생략함으로써 즉각적인 감각 인상을 통해 전달된다는 것이다. 여기서 주어진 주제와 함께 반드시 포장되어 오는 '오물 속에 뒹굴기'는 피할 수 없을 것이다. 단지 그러한 혐오가 과학적 관심에 의해 정당하다는 것이 증명되기를 바랄 뿐이며, 우리의 노력은 절대적으로 최소한으로 줄이게 될 것이다. 우리는 아홉 가지 주요 대상의 유형을 선택할 수 있다.

(1) 혐오의 원형적인 대상은 이미 암시했듯이 부패와 관련된 현상의 부류이다. 여기에는 생명체의 변질, 부패, 분해, 시체 냄새, 일반적으로 살아 있는 것의 죽음 상태로의 전이가 포함된다. 그러나 이러한 상태 자체가 혐오스러운 것은 아니다. 왜냐하면 비유기적인 것은 대조적으로 전혀 혐오스럽게 경험되지 않기 때문이다. 해골이나 미라가 된 시체도 혐오스럽지 않다. 왜냐하면 '소름끼치는' 것은 '혐오스러운' 것이 아니기 때문이다. 혐오스러운 대상의 표식은 부패의 과정에서 그리고 부패의 매개체에서 특히 명확하게 발견된다. 비록 복잡하지만, 여전히 구조적 통일성을 유지할 정도의 시각적-촉각적-후각적 구성물로서의 부패의 이미지가 존재한다. 예를 들어, 썩은 고기와 썩은 과일 사이에는 연화(軟化)와 같은 다른 공통된 특징은 말할 것도 없고 결국 색깔의 유사성이 있다. 우리는 일반적으로 죽은 것이 **단순히 기능하지 못해서** 혐오스러운 것은 아니라는 것을 다시 한 번 반복한다. 왜냐하면 신선한 고기는 죽은 상태라서 혐오스러워야 하겠지만, 그것은 결코 사실이 아니다. 오히려 실질적인 분해가 필수적이며, 그 분해는 마치 생명의 또 다른 발현인 것처럼 적어도 지속적인 과정의 제시로 보여야 한다. 이미 여기서 우리는 혐오와 분명히 생명 있는 것, 활기 있는 것과의 관계에 직면한다. 그리고 실제로 부패에는 의심할 여지 없이 생명의 소멸과 연관된 확실한 – 꽤 놀랄 만한 – 생명의 증강이 있다. 그것은 생명이 **거기에** 존재한다는 사실에 대한 과장된 선언이다. 생명이 존재한다는 증거는 부패, 흔히 눈에 띄는 색의 변화, 썩은 '빛깔', 부패를 특징짓는 모든 교란 현상을 수반하는 강화된 냄새에 의해 제공된다. 그러나 병적으로 강화된 모든 활동이 혐오스러운 것은 아니다. 미치광이의 광란도 죽어가는 사람의 고통도 혐오

스럽지 않다. 죽어가면서 혐오스러워지는 것은 살아 있는 존재 전체가 아니라 신체의 부분, 예를 들어 신체의 '살'이다. 그러므로 혐오스러운 것은 어떤 의미에서도 죽음과 유사하지 않으며, 죽음에 임박하거나 죽음의 순간도 혐오스러운 것이 아니다. 오히려 **죽음**과 함께 소멸되는 생명의 부분이다.

(2) 배설물의 혐오스러움은 구체적인 살아 있는 물질의 분해를 향한 방향성과도 관련이 있다. 몸에서 배설되는 이러한 해체된 생명의 부산물은 일반적으로 혐오스럽다. 확실히 여기서 현존하는 것은 부패 자체의 특별한 경우일 뿐이다. 왜냐하면 배설물이 부패의 가장 전형적인 매개체라는 것은 전혀 사실이 아니며, 부패의 매개체에는 배설물이 부재할 수도 있기 때문이다. 부패와의 연관성은 차치하고, 우리는 여기서 살아 있는 물질이 죽은 물질로 변하는 꽤 특이한 종류의 탈바꿈을 다루어야 한다. 그리고 이것은 다시 생명의 발현이며, 생명 활동에 수반되는 것이다. 혐오는 배설물로서의 대변의 특성, 분해된 유기 물질이 생명의 존재나 과거의 존재를 나타내는 상황과도 관련이 있다. 생명의 분해 생성물에는 생명의 약화뿐만 아니라 생명의 존재 자체도 혐오하게 하는 효과를 가지고 있다.

(3) 우리는 배설물의 혐오스러움과 신체 분비물의 혐오스러운 특성을 구별해야 한다. 이것은 부패의 영역으로부터 더 나아가는 것이며, 냄새의 결정적인 역할은 감소한다. 배설물과 분비물을 구분해 주는 것은 말하자면 '유체(流體)'이다. 배설물은 그저 찌꺼기며, 분비물은 특정한 기능을 하기 때문에 본질적으로 부패의 우려가 없다. 명확한 사례들 외에도 많은 중간 단계가 있다. 화농(化膿) 및 그와 유사한 과정에서 부패의 순간은 다시 한 번 그리고 매우 독특한 변형 형태로 역할을 한다. 생명체 안의 부패는 역겹도

록 섬뜩한 특별한 징표를 가지고 있다. 이런 종류의 부패는 비록 우연적이고 '진전되는' 것이기는 하지만 지속성도 가지고 있기 때문에, 실제로 (시체, 쓰레기 등의) 내버려진 것의 부패에는 부재하는 일종의 영원한 속성을 가지고 있다. 그러나 정상적인 분비물의 혐오스러움은 일반적으로 알려져 있다. 그것에 대한 분석은 그렇게 시시한 것이 아니다. '실질적인 생명이 끝나간다'는 단순한 모티브는 모티브가 적용될 수 있는 곳에서도 적절한 설명을 산출하지 못할 것이다. 더군다나 신체 분비물은 주로 끈적거리고, 반유동(半流動)적이며, 눈에 띄게 달라붙는 것의 일반적인 혐오스러움의 문제이다. (점액 등)과 같이 항상 비정상적인 상황의 가능성을 의미하거나 적어도 그러한 상황을 시사하는 어떤 것에 암시되는 물질들은 – 우리가 주의를 기울일 수밖에 없게 되는 한 – '꼴사나운 생명의 과잉'이라는 모티브를 수반한다. 그것은 실물 그대로 다시 한 번 쇠락하는 생명을 향한 죽음과 부패를 나타내는 과다함이다.

(4) 방금 언급된 혐오의 유형, 즉 끈적거리는 것, 부적절한 장소에 들러붙어 있는 것을 향한 혐오는 더 일반적으로 특정한 물질과는 덜 구체적으로 연관된 방식으로 나타난다. 우리는 이미 순수하게 지향적으로 인식되는 모든 혐오스러운 것이 어떻게든 주체에 '들러붙어' 있으며, (말하자면 반드시 도망칠 수 없는 그물로 사로잡은 것은 아니지만) 주체의 근접성 및 불길한 분위기와 함께 그 주체를 둘러싸고 있다고 언급했다. 이것은 특히 더러움 현상에서 나타난다. 우리가 아는 한, 더러움은 썩어가는 생명에도 또는 실제로 어떤 종류의 생명에도 밀접하게 연관되어 있지 않은 유일한 전형적인 혐오의 대상이다. 왜냐하면 내 손은 단지 그을음이나 먼지에 뒤덮여 있어도 여전히 더러우며, 그러한 손으로 음식이나 누군가의 얼굴을 만지는 것은 식욕을 잃

게 할 것이기 때문이다. 그러나 자세히 살펴보면 이것은 훨씬 덜 간단하다는 것이 증명된다. 더러움이란 정확하게 무엇인가? 해로움의 국면은 여기서 확실히 핵심적인 것이 아니다. 씻지 않은 손으로 음식을 먹는 것이 건강에 해로운 영향을 미칠 수 있다는 것은 전적으로 이차적인 인식이다. 어쨌든 우리는 단지 더러운 손으로부터 놀라 주춤하는 것처럼 콜레라 세균에 담가졌던 손으로부터는 놀라 주춤하지 않을 것이다. 사실 그것은 정확하게 더러움의 본질에 속하는 것이며, 더러움은 상대적인 해로움, 즉 단지 일종의 모호한 유해성만을 나타낸다. 그러나 이것은 유해성의 본질적인 성질을 포함하고 있지 않다. 왜냐하면 우리는 예를 들어 '더러운'이라는 별칭을 가진 약간 의심스러워 보이는 독버섯을 귀하게 여기지는 않을 것이기 때문이다. 반면에 더러움을 '부적절한 장소에 있는 것'으로 정의하는 것은 타당하지 않을 것이다. 만약 토탄(土炭) 늪지에 흩어져 있는 보석을 찾는다면, 토탄이 '다이아몬드로 더럽혀져' 있다고 말하지 않고, 오히려 오물더미에서 다이아몬드를 발견했다고 말할 것이기 때문이다. 심지어 검댕이 낀 손도 특징적으로 더러운 손은 아니다. 우리는 오물을 무엇으로 구성되어 있는지 확실치 않은 우중충한 검은 층으로, 무엇보다 끈적끈적한 작은 입자들을 포함하는 것으로 – 이 끈적끈적함이 그 입자들이 기원하는 물질보다 더 필수적이다 – 생각하기가 더 쉽다. 여기에는 대변과의 상당한 연관성이 존재하며(생리적인 연상이 여기서 얼마나 큰 역할을 하는지는 다음 기회를 위해 남겨두지만), 기름과 땀과도 상당한 연관성이 존재한다. 그러나 이 정도는 위에서 거부된 더러움의 정의에서 보면 온당하다. 왜냐하면 사실 더러움이 속하지 않는 장소, 더러움이 혐오를 유발하고 손상시키는 결과를 낳는 장소, 더러움이 어떻게 해서든 그저 떨쳐버릴 수 없는 정도로 견고하게 자리를 잡은 장소에서 더러움은 하나의 현상으로 느껴지게 만드는 것으로 보이기 때문이다. 그러한 장소들은 신체의 표면이거나 일반적으로 신체와 밀착된 상태로 발견되는 품목들이다. 그리고 여기서 결국 명백한 삶과의 지향적 관계, 삶의 성쇠와의 지향적 관계가 모두 드러난다. 손은 손으로 하는 활동을 통해 더러워지며, 속옷은 착용을 통해 더러워진다. 그리고 종종 오물의 형성에서 유착시키는 역할을 하는 땀이 있다. 더러움은 어느 정도 단순히 생명의 흔적이 존재함이요 소멸되지 않음이다. 이것은 순전히 형식적인 방식으로 그 사실을 노골적으로 나타내는 것일 수도 있고, 어떤 '물질'(정확하게 검은 회색의 어떤 것)의 매개에 의한 것일 수도 있다. 그것은 상당히 구체적인 현상이며, 결코 촘촘하고 뚜렷한 특성을 가지는 '활성 물질'(분비물 등)의 하나가 아니다. 그러므로 오물에 의해 야기되는 혐오의 순간은 내용물에 관해서는 최소한의 것이지만, 그럼에도 불구하고 불순함, 형태 없음, 그리고 사실상 '불결함' – 강화되고 사실상 체화된 거리 관념의 거부 – 이라는 형식적인 특성들은 혐오를 유발하는 상당히 독특한 성격을 드러낸다. 그러나 형식적으로 혐오스러운 대상의 주요 특징인, 어떻게 해서든지 두드러지게 주체(혐오를 느낀 사람)에게 달라붙음과 내재적인 점착을 통해 혐오를 일으키는 것은 서로 다른 것이다. 다음에서는 그것들의 관계에 대해 더 말해야 할 것이다. 그러나 그 또는 그녀가 더러워질 때 바로 그 점착 현상은 뚜렷한 방식으로 주체에게 자각된다. 특성 없는 입자들의 이러한 걸쭉한 혼합물은 생성되면 활동을 시작하는 인간에게 달라붙는다.

(5) 이제 우리는 본질적으로 다른 영역으로 들어간다. 그것은 혐오를 유발하는 **동물들**, 특히 곤충의 영역이다. 여기서는 아마도 **기어가는 동물들**(해충, 무척추동물)에 대해 말하는 것이 일반적으로 가장 좋을 것이다. 그러한 동물은 유발되는 혐오의 주요 모티브를 드러내는 역할을 할 것이다. 더 고

도로 조직된 동물들은 어떤 특정한 혐오를 유발하는 일이 거의 없다. 일부 사람들은 혐오스럽게 느낄 수 있는 동물들의 우연한 불결함, 때로는 당혹스러운 냄새, '동물적 온기' – 특정한 상황에서는 심지어 인간도 혐오스럽게 만들 수 있는 모든 것 – 의 결과로서 혐오를 유발할 수 있는 경우를 제외하고 말이다. 어떤 종교에서 특정 동물에 대한 의례적 금지가 어느 정도로 (그 동물들을 먹는다는 생각에 대한) 진정한 혐오에 기초하고 있는지 여부를 결정하기는 어려울 것이다. 종교적인 제재에 의해 권장될 필요가 거의 없었던 종류의 동물에 의해 유발되는 혐오가 아주 확실하게 존재한다. 그리고 그 문제의 이러한 양적인 측면과는 별개로, 먹는다는 생각에 한정되지 않고, 시각 및 문제의 생명체의 근접성과 직접적으로 관련이 있는 혐오의 종류가 있다. 그럼에도 불구하고 말고기를 격렬하게 거부하는 많은 사람은 고귀한 인류의 동반자에 대한 위대한 사랑을 품고 있다. 그러나 벌레, 해충, 그리고 다른 종류의 무척추동물에 대한 혐오는 이 범주에 속하지 않는다는 데 주의하라.

고등동물 중에서 특별히 언급되어야 하는 것은 쥐이다. 이 포유동물에 대해서는 거의 보편적으로 구체적인 혐오의 느낌이 향해지며, 종종 불가사의한 불안 및 기괴함의 느낌이 얽혀 있다. 전체 생활 방식에서 쥐처럼 그렇게 해로운 동물로 보이는 다른 포유동물이 없다는 사실이 여기서 어떤 역할을 할 수 있다. 따라서 쥐는 떼로 나타나며, 어두운 구멍에 숨어 살며, 기생적인 경향 및 칙칙하고 음험한 성격을 보이며, 그리고 오물 및 질병과의 관계를 불러일으키는 매력 없이 유연하고 회색의 길쭉한 몸을 가진 생명체이다.

뱀으로 눈을 돌리면, 여기서 연관된 혐오는 훨씬 더 불안(불길한 무언가)과 혼합되어 있는 듯하다. 미끄러지듯 나아가는 것, 서서히 다가오는 위험성, 차가운 활동 등 뱀에게서 혐오스러운 모든 것은 곤충에게도 존재한다. 해충에 대해 여기서 너무 자세하게 말하고 싶지는 않다. 개인들 사이에서 혐오 느낌의 차이는 상당히 크다. 일반적으로 혐오는 떼를 짓지 않는 단단한 등 딱지를 가진 곤충들에 대해서는 낮은 수준으로 감소되거나 사라진다. 따라서 대부분의 딱정벌레는 혐오스럽게 여겨지지 않는다. 기어 다니는 곤충이 아니라 날아다니는 곤충(벌)도 마찬가지이다. 해충에 의해 유발되는 혐오를 결정하는 것은 일반적으로 여러 요인의 상호작용인데, 그중 어떤 요인은 특별히 덜 현저한 사례에서 부분적으로 결여되어 있을 수도 있다. 그 요인들은 다음과 같다. 득실거리는 끈적거림, (어떤 곤충의 경우에는 납작한 몸통으로 인해 더 확연한) 기질(基質)을 '덮어 씌워 놓은' 겉모습, 우글거리며 꿈틀댐, 바글거리는 동질의 덩어리로의 결합, 분해 및 부패의 – 부분적으로는 외견상의, 부분적으로는 실재하는 – 촉발. 실재적인 것은 곤충들이 주로 부패한 유기 물질을 선호한다는 것이다. 외견상의 것은 – 따라서 반드시 중요성이 없지 않은 – 마치 곤충들이 원래 그 물질로부터 유래된 것처럼, 마치 곤충들의 미친 듯 바글거리는 활동이 쇠락하는 생명의 현상인 것처럼, 곤충들 스스로가 어쨌든 그러한 물질의 일부라는 인상이다. 어떠한 적절한 온기의 느낌도 없고 생명의 내적 실체도 없지만 마치 그것이 어쨌든 생명을 표현하는 추상적인 춤인 것처럼, 그 모든 것은 일반적으로 곤충들이 드러내는 이상한 차가움, 쉼 없이 신경질적으로 꿈틀대고 잡아당기는 생명력이다. 그러나 마지막으로 대부분의 이러한 생명체에서 발견되는 음험하고 공격적인 성격이 있다. 후자의 역할은 종종 과대평가되어 왔다. 곤충에 대한 혐오는 아마도 계통 발생적으로 타고난 불안이나 두려움의 형태에 불과하다고 가정하는 것이 통례가 되었다. 그러나 이것은 문제의 본질을 포착하지 못한다. 왜냐하면 그러한 두려움이 존재할 수도 있고 심지어 그 두려움이 완전히 의식되지 않을지라도, 그 두려움은 혐오를 발생시킬 수 있는 것과는 거리가 먼 혐오의 보충이 될 수 있는 것이기 때문이다. 혐오는 특정 상황에서 이러한 생명체들에 의해 유발되는 객관적인 위험보다는 — 어쨌든 우리는 정말로 그리고 상당히 일반적으로 혐오감이 없는 꿀벌과 말벌에 대한 두려움을 경험할 수 있다 — 그 생명체들의 (현존재에 이차적으로만 정박해 있는) 악의에 찬 성격, 감추어진 악의, 교활한 은밀함과 과시적이고 부적절한 움직임의 독특한 혼합, 열렬하고 날카로운 열정과 무익함의 독특한 혼합에 더 많이 관련된다. 혐오가 목적론적인 경고의 기능을 완수할 수 있을지라도 이것은 본능적인 신중함을 가진 놀랍도록 아름다운 여성과의 접촉을 피하는 사람들이 있다는 이유로 성애적-미학적 매력의 감각처럼 혐오의 지향적 의미를 거의 포착하지 못한다. 요약하자면, 혐오스러운 생명체들은 일반적으로 무감각하고 형태 없는 급증에 휩싸인 생명의 인상을 불러일으킨다는 것, 그 생명체들은 어떻게 해서든 구체적으로 지각될 수 있는 쇠락의 진부함을 촉진하는 생명을 부식시키는 입김으로 주체에게 덤벼든다는 것 외에 더 할 말이 없다. 이런 종류의 혐오가 가지는 특별한 심각성과 힘은 그 대상의 이동성과 공격성이라는 사실에서 (그러나 그 대상의 위험성은 아니다), 그 대상과의 접촉이 쉽게 일어날 수 있다는 의식에서 비롯된다. 또한, 곤충을 영양분으로 사용하려는 계통 발생적으로 억압된 욕구의 가능성이 포함될 수도 있다. 그러면 혐오는 그러한 욕구에 대한 신경과민적인 방어 반응을 통해 강화될 것이다. 또한 이러한 혐오스러운 것을 박멸하기 위해 우리 안에 생길 수 있는 일반적인 욕구는 관련된 직관적 내용에서 혐오의 악센트를 더욱 강화시키는 역할만을 할 수도 있다.

(6) 음식과 관련하여 곧바로 다음과 같은 중요한 구분을 해야 한다. 음식은 단순히 우리가 마주치는 사물이 아니다. 음식은 소비해야 하는 물질로서

우리의 삶에 기능적으로 통합되어 있다. 음식이 단지 사물로서, 있는 그대로의 물질로서보다는 정확하게 이러한 기능에서 혐오를 일으킨다면 그것은 상당히 다른 문제이다. 후자는 상한 음식과 관련된 사례이다. 내가 음식을 먹는 것에 대해서는 분명 어떠한 의문이 없을지라도 내 방 안에 두는 것은 혐오스러울 것이다. 그러나 예를 들어 누군가가 강한 특정한 반감을 가질 수 있는 음식에 관해서도 – 양파 냄새나 육즙의 모습을 참을 수 없을 때 – 그럴 수 있다. 실제로 남은 음식과 남은 음식으로 덮인 접시들에 의해 유발되는 비록 경미하지만 상당히 일반적인 혐오가 존재한다. 그러나 두 번째 그룹의 사례는 어떤 외부적인 이유로 특정 음식이 실제로 소비되어야 할 때만 발생하는 혐오를 포함한다. 누군가는 하루 종일 그의 테이블 위에 있는 우유병은 개의치 않지만, 그 우유병의 우유를 한잔 마시려고 할 때 즉시 그의 위장을 통제하지 못하는 일이 일어날 수 있다. 그 경우는 다른 방법으로 즐겼던 요리에 대해 일시적인 혐오감을 경험할 때와 유사하다.

여기서 첫 번째 그룹의 사례는 부패 또는 끈끈하고 더러운 뒤범벅에 의해 유발된 혐오와 연관된다(또한 부적절한 음식의 조합에 의해 유발되는 혐오와 비교하라). 두 번째 그룹은 부분적으로 생명의 보존 및 생명의 기능과 관련된 혐오의 요소들과 부분적으로 좀 더 추상적이고 형식적이며 이런 의미에서 과잉에서 야기되는 '도덕적' 혐오에 관련된 혐오의 요소들에 대한 관계를 포함한다. 따라서 우리는 음식과 관련하여 균일하게 이해할 수 있는 혐오의 유형이 없다는 것을 알 수 있다. 이것은 다양한 전형적인 사례를 고려하더라도 여기서는 개별적인 차이가 너무 크기 때문이다. 입과 위장 둘 다와 밀접한 연관이 있기 때문에 음식과 관련된 모든 반감은 여기서는 혐오의 형태로 나타난다. 예를 들어, 풍경의 낯섦이 당연히 혐오의 느낌을 불러일으키지 않지만, 특정한 음식의 낯섦을 통해 생겨나는 거리낌에는 이것이 적용된다.

하지만 음식의 맛의 특이성을 설명하려는 관습적인 시도는 – 어떤 요리를 먹지 않는 것이 익숙해져 있기 때문이거나 그 요리 때문에 위장에 탈이 난 적이 있기 때문에 그 요리를 혐오한다 – 다소 피상적이고 부적절하다. 대부분의 음식 종류와 관련하여 음식이 소비되는 요건 자체의 힘에 혐오의 가능성이 내재한다는 것을 일반적으로 기억해야 한다. 그 요건이란 음식의 끈적거리고 축축하고 다소 오염된 상태, 매우 다양한 종류의 과거 사건과의 연관성, 또는 마지막으로 흔히 존재하는 부패가 실재적이거나 외견상으로 드러남을 말한다. 게다가 어떤 요리가 음식으로서는 혐오스럽지 않을 때 하나의 **사물**(thing)로서는 혐오스러울 수도 있는 것이 사실이다. 이것은 정말 상당히 일반적인 문제이며, 그것이 단지 신선 식품의 냄새의 문제이거나 식사 시간 외에 발견되는 음식의 특징적인 다른 두드러진 냄새의 문제인 한 해롭지 않지만, 부적절한 때에 침범하는 이 감각 영역의 모든 것이 우리를 불안하게 하는 효과, 심지어는 일종의 혐오를 유발하는 효과가 있을 수도 있다.

또한 약간 부패한 맛, 예를 들어 사냥한 짐승의 숙성된 고기를 구웠을 때의 맛을 선호하는 괴팍한 유형도 있다. 중국인들은 완전히 썩은 달걀을 선호한다고 한다. 나는 그것을 어리석은 상대주의자들에 의해 너무 과대평가된 '취향의 차이'라기보다는 비정상적으로 과잉문명화된 문명의 난해한 아취(雅趣)에 대한 열정으로 인정하고 싶다. 부패한 고기의 역겨움이 숙성한 맛(faisandé)의 애호가들에게 지향적으로 뚜렷하듯이, 썩은 달걀의 역겨움이 중국인들에게도 그러한지는 나는 잘 모른다. 여기서 의식의 상태는 아마도 어딘가 다를 것이다. (지나치게 특이한 것을 추구하는 성향은 결국 일종의 얕은 순진함에 의해 다시 특징지어지는 것처럼 보인다.) 고기와 관련되지 않아서 훨씬 더 무해한 더 널리 퍼진 사례는 의심할 여지 없이 부패로 인식되어야만 하는 무언가를 포함하고 있는 속속들이 냄새가 스며드는 치즈의 사례이다. 치즈

먹는 것을 좋아하는 대부분의 사람은 냄새가 역겹다는 것을 인정할 준비가 되어 있으며, 아마도 식사 시간 외에는 그 냄새가 그들의 얼굴을 찌푸리게 할 것이다. 분명히 우리는 미묘하게 애매모호한 평가의 사례를 가지고 있는데, 그것은 특별히 제한된 영역에서 강력한 영향력을 행사할 수 있는 것으로서, 혐오의 에로티시즘이라고 부를 수 있는 것이다. (강화된 활력이기는 하지만, 비일상적이면서 제재가 없는 어떤 것과 유사한 종류의 제한된 라이선스가 다른 맥락에서도 존재한다. 예를 들어, '품위 있는' 사회에서 춤을 추는 것을 통해 발생할 수 있는 에로틱한 자유이다. 또는 미식(美食)의 영역에서 계속 이야기하고자 한다면, 사람들이 비록 실제로 맛이 나쁘더라도 맥주 마시기를 얼마나 좋아하는지 생각해 보라! 그것은 단순히 술에 취하기 위한 것이지, 와인의 경우처럼 맛을 보고 즐기기 위한, 말하자면 많은 주의를 기울이고 감정하듯이 음미하기 위한 것이 아니다.)

(7) 근접해 있는 인간 신체는 그 자체로 혐오를 유발할 수도 있다. 일반적으로 이러한 현상은 병리학적으로 히스테리의 일종으로서 설명할 수 있을 것이다. 특히 이러한 현상이 전형적인 무언가를 나타낼 때 그 자체로 혐오스럽다고 인정되는 신체나 신체 부산물의 조건이나 특이성을 수반한다는 점을 제외하면 말이다. 게다가 신체적으로 유발된 혐오는 심지어 건강한 존재들의 감정 스펙트럼에서도 분명히 발견된다. 예를 들어 건강한 사람이 동성애자의 접근에 대해 느끼는 혐오는 성적인 도착이라는 관념에 대한 것만이 아니라, 그러한 시도에서 행위 주체로 여겨지는 낯선 신체에 대한 것이기도 하다. 혐오는 또한 전혀 사랑 받지 못하는 이성의 포옹에 의해서도 유발될 수 있다. 또는 훨씬 더 무해하게, 얼마나 많은 사람이 전차나 버스에서 다른 사람들과 함께 갇히거나 이전에 앉았던 승객의 온기가 여전히 남아 있는 자리에 앉아야 할 때 약간의 혐오에 사로잡히는가? 실제로 상당히 정상

적인 신체적 혐오의 성향이 있는데, 이는 인정하건대 예를 들어 신체가 단순히 신체로서 우리에게 끼어들어서, 신체가 **하나의 신체로서** 너무나 선명하게 느껴지고, 그래서 그 신체를 받아들일 수 있게 만드는 '인간의' 역할이 전혀 없을 때와 같은 특별한 상황에서만 나타난다. 여기서 말하는 혐오는 분명히 성적 영역과의 관련성, 특별히 일반적인 금지와 제약의 부재의 가능성, 즉 적어도 관련된 주체에게는 어떠한 기능도 하지 않는 익숙하지 않은 또는 좀 더 정확하게 동기화되지 않은 신체적 친밀감에 의해 불가피하게 제시되는 무형식성의 가능성과의 관련성을 포함한다. 그러나 이런 종류의 혐오는 낯선 신체를 단지 직관적인 대상으로서만 선택할 수 있다. 왜냐하면 신체는 이미 언급되었던 다른 종류의 혐오 색조들을 모으는 행위 주체로서 역할을 할 수 있기 때문이다. 일반적으로 (지각할 수 있을 때의) 인간의 피를 포함하여 신체의 내부에 의해 유발되는 혐오가 유효하다. 그러나 이 혐오는 공포, 불안, 동요와 뒤섞여 있다. 여기서 부식, 부패, 생명 현상의 무질서한 노출, 삶의 혼란과 함께 노출된 신체의 내부와 눈에 띄는 덮는 피복의 부재의 연관성에 대한 특별한 설명을 제공할 필요는 없어 보인다.

(8) 우리가 물리적 혐오라고 불러도 괜찮은 다른 무언가, 즉 흔히 되풀이하여 발생하지만 병리적인 것으로 차차 변해가는 또 하나의 경향성은 넘치도록 풍부하고 과장된 생식력(fertility)에 의해 유발되는 혐오이다. 실제로 이 원론적(Manichaean) 오류로부터 면제될 수 없는 사람인 오토 바이닝거(Otto Weininger)[6]가 용감하게 표현했듯이, "모든 생식력은 그야말로 혐오스럽다". 그러나 아마도 부풀어 오른 젖가슴을 보고 혐오를 느끼는 것은, 또는 일부

---

6   오토 바이닝거(1880~1903)는 *Geschlecht und Charakter*(*Sex and Character*)의 저자이다.

동물 종이 떼로 알을 품는 것이나 물고기의 산란, 무성하고 지나치게 자란 식물에 의해 혐오스러워지는 것은 현실과 동떨어져 있는 사이코패스들에게 만 알려져 있는 것이 아니다. 비록 그들의 삶의 감정에 결정적인 경우에만 혐오스러울 수 있다 할지라도 말이다. 우리는 해충과의 연관성 또는 생명의 무정형적 비등이라는 관념에서 정신적으로 혐오스러운 것, 무한히 목적 없이 발아하고 번식하는 것, 따라서 어쩔 수 없이 대규모의 급속한 부패라는 관념을 암시하는 것에 대해 생각해 볼 필요가 있다.

(9) 마지막으로 우리는 질병과 신체 기형에 의해 야기되는 혐오를 언급한다. 이것은 배설과 분비, 부패, 그리고 신체와 신체의 내부에 대한 우리의 소견에서 이미 어느 정도 해명되었다. 여기서 다루고자 하는 것은 동시에 이미 변하여 분해되어 가는 생소하고 과장된 생장(종양, 궤양, 종기)이다. 전체 유기체의 죽음에 대한 암시는 분명히 혐오보다는 공포를 불러일으킨다. 하지만 공포가 더 구체적이고 생생할수록 공포는 혐오로 기울어진다. 불구의 경우 혐오스러운 영향을 미치는 것은 기능적 불완전이 아니다. 예를 들어, 청각 장애나 절뚝거림의 경우, 혐오 효과는 결코 발생하지 않는다. 하지만 형태의 변형은 혐오를 일으킨다. 왜냐하면 신체에서 보이는 부분의 모든 결함은 피투성이의 절단 부위와 같이 어떤 추가적인 구체적 특징을 결정하기 때문이다. 그러므로 혐오를 불러일으키는 것은 단지 생명 자체의 불완전이 아니라 아마도 그 안에 기반을 둔 **잘못된 장소에 있는 생명** – 생명의 성형력(成形力)의 급작스러운 쇠퇴 – 이다. 이것이 실제의 또는 말하자면 유사 '개인적인', 목적 있는 유기적 통일성의 제한을 초과하는 한, 생명의 과도한 작동 속에 혐오를 유발하는 것은 무엇보다 (단순히 '기계화된' 것이 아니라) 격렬해진 생명 활동인 듯하다.

3.3 도덕적으로 혐오스러운 대상의 유형

우리는 여기서 '도덕적'이라는 말을 엄격하고 좁은 의미에서 '윤리적'이라는 뜻으로 이해하는 것이 아니라 도덕적 요인이나 어떤 이슈의 도덕적으로 관련된 측면을 말할 때처럼 물리적인 문제와 대조적으로 다소 윤리적인 문제와 관련되어 있기는 하지만 정신적인 또는 영적인(geistig)이라는 뜻으로 이해한다. 현재 고려 중인 혐오 성질의 분류 시도는 확고한 증거에 기반한 주장이라기보다는 물리적 혐오를 유발하는 대상을 뚜렷하게 나눈 분류를 제시하는 것이다. 여기서는 다섯 가지 유형을 구분할 것이다.

(1) 만약 연관된 물질이 적합한 특성을 가진 것이라면 싫증 나는 단조로움에 의해 유발되는 불쾌감은 혐오의 기미(포만감에 의해 유발되는 혐오)를 획득할 수 있다. 엄격한 의미에서 포만감은 지속적으로 반복되는 경험이 원래 즐거웠던 경험이었거나 정상적인 상황에서 즐거운 경험일 때만 발생한다. 그러면 혐오스러워지는 것은 그 대상뿐만이 아니라 그 대상에 대한 우리의 즐거움이기도 하다. (내가 마침내 어떤 고통에 싫증이 났다고 말할 때, 이것은 진정한 포만감과는 아무런 공통점이 없다. 그것은 단순히 '나는 인내심을 잃었다'라는 뜻이다. 우리가 때때로 '이런 농담은 이제 그만!' 또는 '더 이상 참을 수 없어'라고 말하는 것처럼 말이다.) 우리는 여기서 일방적으로 과장된 종류의 삶과 혐오의 관계를 다시 볼 수 있다. 그것은 밀폐된 공간 안에서 끝없이 진동하는 관계이다. 혐오의 감정은 우리가 쾌락에 빠져드는 것을 억제한다고 말할 수도 있다. 여기서 말하는 것이 즐겁기를 멈춘 쾌락이라고 말할 수는 없다. 오히려 관련된 쾌락이 단순히 피상적이고, 재미없고, 그 사람의 삶의 의지와 눈에 띄는 대조를 이루는 상태로 전락한 것이라고 말할 수 있다. 여기서 그것은 반드

시 특정한 명확한 유형의 쾌락의 문제일 필요는 없다. 중요한 것은 그 대상 자체가 아니다. 오히려 방어 반응을 낳는 것은 그것이 끈질기게 존속한다는 사실이다. 그러면 그 대상은 경험 되는 다른 모든 것이 삶에 긍정적인 악센트를 가지는 것으로서 그 자체로 즐겁고 다른 조건이 같을 때도 또한 즐거운 만큼 만족스러운 것이다.

그러나 좀 더 전형적인 형태의 포만감은 더 좁은 의미에서 즐거운 것과 결합된다. 이것은 우리가 최근에 극복한 (알코올 종류의 중독만이 아니라) 중독 상태를 되돌아볼 때 떠오르는 혐오의 종류에 속한다. 그것은 각각의 그러한 상태가 끝없이 지속되기 때문이 아니라, 오히려 그것은 너무나 압도적이고 속이 뒤집어질 정도의 즐거움의 집중을 포함하고 있기 때문이다. 특정한 종류의 비스킷을 매일 제공 받거나, 오랜 시간이 지난 후 식탁의 쾌락에 압도되거나, 침대에서 너무 오래 쉬었을 때처럼, 비슷한 유형의 혐오가 어떠한 즐거움이든 그 결과로서 나타날 수 있다. 그러한 즐거움은 그 자체로 일종의 중독은 아니더라도, 충분히 집중되고 한정되어서 되풀이되는 특별한 별미처럼 삶의 나머지 부분보다 한층 두드러지는 것이다. 시간 감각의 상실, 영원함의 느낌, 자신 안에 고립된 느낌, 무익함의 느낌, 끝없이 증가하는 자기 포화의 상태, 일종의 현기증, 삶의 방향 감각 상실, 결국에는 더 건조하고 더 활기찬 공기로 돌아가기를 바라게 될 거의 천상의 영역으로 들어가는 느낌을 경험하는 것이 바로 – 단순한 지루함과는 구별되는 – 그러한 포만감의 상태가 갖는 특징이다. 이것은 결국에는 목적이 없어지는 모든 종류의 즐거운 장난에 해당하며, 아마도 특정한 다른 구체적 조건에 대해서도 그러할 것이다. 아마도 이러한 것들이 지속적인 무기력, 건강, 그리고 웰빙과 관련이 있을 때, 그것들은 대부분의 인간에게 이런 의미에서 혐오스러운 것이 될 수 있다. (곤차로프[Goncharov]의 소설 오블로모프[Oblomov]의 스타일에서 결국에는 건강하지 못하고 심지어 육체적으로 치명적이었지만, 근원에서는 원기 왕성하고 전혀 신경질적이지 않은 좋은 건강 상태에 뿌리를 내리고 있었던 파멸을 비교해 보라.) 미식의 영역에서 가장 쉽게 혐오스러워지는 것은 무엇보다 단 음식이다. 왜냐하면 자기모순이 없고, 경계가 획정되지 않으며, 형태가 없고, 풍미가 없게 적당한 맛이라고 부를 수 있는 것의 기본적인 성질을 형성하는 것이 바로 달콤함의 순간이기 때문이다. (맛의 중요성에 대한 심오한 분석은 매력 있는 일이겠지만, 여기서는 적절치 않다.)

마지막으로, 포만감의 혐오는 분명히 형제자매 사이나 부모 자식 사이의 근친상간에 대해 느끼는 특정한 혐오와 공통점이 있다. 아리스토텔레스는 이것을 다음과 같이 다소 어설프게 표현했다. 가장 강력한 두 종류의 부드러움이 동일한 한 사람에게 융합되면 매우 '불편할' 것이다. 원초적이고 순진한 가족의 (그리고 어머니와 출생 이전의 아이와의) 교감이 성적인 삶의 짐도 져야 한다는 생각에는 비정상적으로 피상적인 무언가, 끔찍할 정도로 지나치게 달콤한 황폐함이 있다. 그것은 생명의 흐름을 위축시키는 장애물의 사례이다. 따라서 근친상간 관념에 대한 혐오는 적어도 부분적으로 포만감의 한 유형으로 설명될 수 있다. (근친상간의 비도덕성 문제가 철저히 다루어지기는 커녕 건드리지도 않았다는 점을 덧붙여야겠다. 아마도 이 모든 것은 줄잡아 결혼 생활에 적용될 수 있을 것이다. 그러나 다음을 잊어서는 안 된다. ① 결혼 생활에서 단조로움은 매우 중요한 것이라는 점이다. 단조로움은 적어도 원칙적으로는 의도적으로 지향되는 것이며, 단지 방종을 감싸는 캡슐, 즉 사실상 일부일처제의 성애적 관계가 가지는 하나의 윤리적 위험이라고 내가 주장하는 것의 가능성을 감싸는 캡슐에 불과한 것이 아니다. ② 정상적인 결혼 관계는 결코 근친상간을 통해 성적인 교감이 더해질 수 있는 혈연 및 공통 가문 출신과 같은 것이 생성하는 것과 같은 의미에서 '가족 공동체'를 생성하지 않는다는 점이다. 근친상간은 삶을 성애화하고 재흡수하며, 결혼은 섹슈얼리티를 승인하며 삶의 토대이다.)

(2) 도덕적 혐오의 다음 대상은 과도한 생명력이나 잘못된 장소에 펼쳐진 생명력이다. 과도한 생명력은 주체의 생명력과 함께 휩쓸어버리도록 실질적으로 위협할 수 있는 방식으로 주체에게 강제로 **근접**할 수 있다는 전제 아래 혐오를 불러일으킬 수 있다. 혐오를 유발하는 효과는 대개 가장 넓은 의미에서 생명을 배신하고 부패를 암시하는 이러한 과도한 생명력의 특징에 의해서도 결정된다. 예를 들어, 누군가가 매우 강한 힘을 가지고 있으며 비범한 신체 묘기를 해낼 때, 이것은 혐오의 효과를 거의 가져올 수 없다. 이것은 아마도 그가 정신적 삶은 완전히 도외시하는 두드러진 근육질의 유형이라면 더욱 그럴 것이다. 그러면 방탕한 삶의 인상이 전체의 생명에 필수적인 가치에 대한 의심과 함께 더 많이 나타날 것이다. 야만성, 산지사방으로 거세게 몰아치는 육체적 에너지, 농축된 생명의 냄새는 비록 전형적인 혐오 반응을 자극하지는 않더라도 때때로 혐오스러울 수 있다. 이것은 주어진 현상이 공격성, 강압성, 교활함의 요소로 가득 찬, 즉 혐오를 생산하는 데 필수불가결한 종류의 요소로 가득 찬 경우에 더 그럴 것이다. 모든 혐오 반응은 명백한 저항의 요소를 포함하고 있으며, 이것은 우선 **가능성에 대한 격렬한 거부**이다. 혐오의 반응인 방출이 혐오를 유발하는 대상의 공간적 근접성에 의해 실현되는 것만은 아니다. 혐오스러워지기 위해서는 대상 자체가 근접하려는 경향이 그 대상의 상존재 안에 나타나기를, 즉 인지하는 (아는) 주체의 경험의 궤도 안에 침범하려는 경향도 수반하는 근접의 순간 안에 나타나기를 요구한다. 매우 광범위하게 혐오를 유발하는 문란한 섹슈얼리티의 능력은 바로 이러한 조건의 충족에 뿌리내리고 있다. 우리는 그 안에 그 자체로 끓어오르고 불타버리는 생명력의 순간, 즉 근접 순간의 강조

와 이러한 근접성이 영향 받는 주체의 경험 영역으로 전이하려는 충동이 완전히 융합된 것을 발견한다. 여기에 성적 본능이 잘 알려진 바와 같이 상당히 일반적인 삶의 목적을 지향하는 가장 중요한 기본적인 생동하는 욕구 가운데 하나라는 사실이 덧붙여져야 한다. 그러나 동시에 – 여기서는 이제 논할 수 없는 심오한 생물학적이고 형이상학적인 이유로 – 이 본능은 순수하게 기계적으로 활성화될 수 없다. 오히려, 본능의 충족과 또한 그 본능의 첫 번째 부분적 단계에서 본능은 다소 독립적인 일련의 연관된 형성물과 모든 종류의 확장과 변형을 포함하는 광범위한 방식으로 분출한다. 우리 삶에서 섹슈얼리티가 의무를 강요하려고 시도하지 않는 단일 요소는 거의 없으며, 그 요소를 파악하고 표시하면서 적어도 어떤 방식으로든 영향을 미치는 단일 요소도 거의 없다. 언제 이것이 도덕적인 악으로서 또는 여전히 '비정상적인' 것으로서 인식되고 금지되어야 하는지에 대한 윤리적 질문은 이 글의 범위에 포함되지 않는다. 일반적으로 우리는 여기서 도착적인 일부다처제의 섹슈얼리티, 삶에 해가 되거나 저항하기 힘든 질서를 생각해야 한다. 혐오와 윤리적 견책이 서로 엄격하게 병행되지 않는다는 것이 곧바로 언급되어야 하지만, 여기에 혐오가 한편으로는 성적 부도덕의 특정 측면과 유형에 지향되어 있으며, 다른 한편으로는 뒤따라야 하는 적절한 윤리적 판단을 수반하지 않고도 느껴질 수 있는 거대한 혐오 대상들의 영역이 있다. 혐오 반응은 비도덕적인 것이 삶을 '더럽히는' 것으로, 삶을 '훼손하는' 것으로 경험되는 정도로 비도덕적인 것을 겨냥할 것이며, 아마도 다소 덜한 정도로 '악마적인' 또는 기계적이고 피상적인 섹슈얼리티를 겨냥할 것이다. (아래 4.1항에 있는 혐오와 경멸 사이의 구분을 여기서 비교해 볼 수도 있겠다.) 더군다나 엄격하게 죄가 되지는 않는 성적 행동의 표현조차도 우연한 근접성을 통해서나 성적 행동의 무해한 취향 결여로 인해 혐오를 유발할 수 있다. 더 예민한 사람들이 결혼 피로연에서 첫날밤에 대한 공개적인 언급에 의해 영향을 받을 수 있듯이 말이다. 사실 성적인 악센트를 가진 어떤 것도 쉽게 대다수의 사람에게 혐오 유발 효과를 가지게 될 수 있다. 이것은 처음의 유혹에도 불구하고 성적인 매력이나 흥분이 실현되지 못할 때 거의 항상 일어난다. 여기서 우리는 매력과 혐오 사이에서 동요할 수 있다. (혐오의 느낌이 무뎌지거나 비대해진다면, 아니면 또한 다른 성적인 자극과의 규칙적인 결합으로서 용인된다면 그것은 정말로 '비정상적'인 것이다.)

우리는 이 단계에서 왜 전형적인 혐오 반응 복합체가 성적인 영역이 아니라 위(胃) 영역에 자리해야 하는지 물어볼 수 있다. 그 이유는 부분적으로는 위 영역에서 유지되는 관계들의 엄청난 단순성과 명확성에 있지만, 구토 반응의 위치, 반(反)경련적으로 유도되는 '안 돼!' 동작 – 이것과 유사한 것이 성적인 영역에는 완전히 부재한 – 에 훨씬 더 많이 있다. (이것은 다시 역할의 이중성과는 별개로 성적인 결합이 식사 시 일어나는 음식의 흡입, 섭취에 대응하는 것을 알지 못한다는 사실과 분명히 관련이 있다.) 그러므로 문란한 섹슈얼리티는 혐오감, 무엇보다 무질서하고, 부정(不淨)하며, 끈적끈적한 것, 건강하지 못한 생명의 과잉을 나타낸다. 우리가 아는 한 잘못된 장소에서의 영성도 혐오감과 같은 것을 불러일으킨다. 지구상의 모든 것에 사색과 숙고 또는 세밀한 계산이 접착된다는 생각에는 혐오스러운 무언가가 있다. 그 자체가 하나의 목적으로서 끊임없는 대뇌 작용의 무익함, 그로 인한 삶의 과정의 방해, 그리고 실제로 사고의 방해는 의심의 여지 없이 혐오와 관련이 있는 천박함의 감정을 가져와야 한다. 만약 병사가 상관의 명령에 그 명령의 올바름에 대해 따지면서 대응한다면, 그리고 잘못된 비판과 지적 무기력으로 대응하는 다른 그런 경우에, 이것들은 종종 부적절하고 터무니없거나 유해할 뿐만 아니라 혐오스럽기도 할 것이다. 그리고 또한 목적 없이 지나치게 미묘한 지적 활동의 유형, 더 정확하게는 지적인 변덕, 사고 자체와 사고의 표현에서 그런 종류의 주관적이고, 무책임하고, 호화롭고, 지나치게 세련되고, 때로는 과장된 홍청거림도 그럴 것이다. 그러한 지적 태도는 속으로는 대상에 무관심하며, 아마도 음탕한 지성주의라고 부를 수도 있을 것이다. (이것에 익숙해질 수 있는 좋은 방법은 토마스 만(Thomas Mann)의 소설 『마의 산(*The Magic Mountain*)』의 분위기를 통하는 것이다.) 또는 우리는 그것을 엄격함도 없고 줏대도 없는 영성, 지나치게 똑똑한 지성(혐오스러운 저널리즘의 특성)이라고 부를 수 있다. 그런 경우 정신의 명멸과 발산은 지향적 관계와 솔직하게 말하려는 의지를 어둡게 하고 질식시킨다. 모든 사람이 이 점에 관해 혐오 경험을 확인할 수 있을지는 다소 의심스럽다. 그러나 성적인 문제를 지나치게 지적으로 심하게 공격하는 것에 – 어떤 음탕함을 가진 것으로서 직접적인 강박 충동에 반대되는 것으로 보이는 – 대해 더 일반적으로 표현되는 혐오가 있다. 이것은 확실히 지배적인 지향의 문제이다. 섹슈얼리티의 영역을 포함하여 어떤 영역에서든지 지적인 정교함은 그 자체로 추악하다고 불릴 수 있는 어떠한 것도 의미하지 않는다. 성적 욕구를 소유하는 낯선 영역들을 굴곡시키고 융합시키는 거대한 능력에 힘입어, 지적으로 장난하고 샅샅이 뒤지는 것이 성생활의 일부를 형성할 수 있는 위험이 있을 뿐이다(4.1항과 비교하라.) 그것은 전체 혐오 반응에 속하며, 본질적으로 축적되고 전염되는 과정의 문제, (형식적인 의미에서도) 제약이나 억제가 결여된 무언가, 모든 것에 예민하게 하는 무언가, 부패되고 동시에 여전히 방향을 못 잡고 역동적이지 않고 자신의 축축한 분위기 안에서 소용돌이치는 무언가의 문제이다.

(3) 도덕적으로 혐오스러운 구성물의 영역에는 거짓말, 허위의 성격적 특성도 포함된다. 다시 우리는 허위(*Unkorrektheit*)의 전체 현상에 대한 완전한

윤리 이론을 제공하려 하지 않을 것이며, 오직 혐오와의 관계에만 관심을 가질 것이다. 어떤 것이 거짓이라는 것을 우리가 확인할 때 우리를 관통하는 증오감은 혐오의 구성 요소를 포함하고 있는 것처럼 보인다. 하지만 혐오의 요소는 기만적이라고 알려진 사람을 향해 표명되는 반감에서 더 명확하게 표현된다. 허위(mendacity)는 단순히 거짓말이 있음도 아니고, 자기기만이나 병적으로 거짓말하기의 성향은 더더구나 아니다. 오히려 허위는 진실과 비진실에 대한 내면의 무관심이며, 그러한 무관심에 기대어 자신도 속이고, 명확성을 얻기 위한 어떠한 노력도 하지 않으며, 심지어 어떤 실질적인 동기가 있을 때 내면의 동요의 흔적도 없이 거짓을 주장할 수 있다. 거짓말에 혐오스러움의 악센트를 부여하는 것은 무엇보다 벌레 같은, 부정직하게 숨겨진 공격성이라고 할 수 있는 것이다. 나는 실제로는 좋은 의도가 아니라는 것을 알고 있는 알랑거리고 아첨하는 말을 들을 때 이미 상당히 강한 유형의 혐오에 사로잡힌다. 그러면 나는 적어도 형식적으로 적대적인 어떤 것, 나를 굴복시키려고 하는 어떤 것, 동시에 나를 강요하는 – 사실 어떠한 종류의 위협하는 폭력에 대해서도 배제되는 종류의 근접성을 강요하는 – 어떤 것을 내 앞에 갖게 되는 셈이다. 여기에 거짓말을 듣는 사람과는 바로 관련되지 않는 거짓말하기 현상, 즉 거짓 진술이 의식적으로 이루어진다는 사실의 측면이 덧붙여져야 한다. 우리는 삶의 즉각적인 관심사가(이것은 실체적인 의미에서 누군가의 '관심'의 문제이거나 또는 어떤 종류의 충동이나 다른 중요한 동기이다) 지향적 활동의 영역으로 침투하는 것을 보게 된다. 이 지향적 활동의 영역은 객관적이고 순전히 사실적인 확정성의 배타적인 구역이어야 하며, 정확하게 이러한 의미에서 지적이고 중요한 삶의 관심사에 공헌한다. 확실히 오류와는 구별되는 고의적인 거짓 진술은 듣는 사람이 아무리 상상적이거나 추상적일 수 있을지라도 오로지 듣는 사람에 관해서만 존재할 수 있다.

그러나 그 듣는 사람은 이러한 관점에서 보면 주변적인 요소일 뿐이다. 지적인 형성물로서 거짓말 자체는 위에서 언급한 사실적 지향을 왜곡하고 물에 흠뻑 적시듯이 변형시킨 것임을 드러낸다. 거짓말은 자신과 상충되는 생명 물질과 함께 둥둥 떠 있다.

　허위의 경우에, 이것은 자연스럽게 훨씬 더 구체적이고, 더 실질적이고, 여하튼 훨씬 더 부패된 방식으로 표현된다. 여기서 거짓말을 듣는 사람과 직접적으로 관련된 동기는 완전히 배경으로 물러난다. 전경에서 밝혀지는 것은 - 당연지사여야 하는 것 및 상황에 의해 요청되어야 하는 것과 대조적으로 - 관련된 사람이 자신이 할 수 있는 일을 다하지 않는다는 사실이다. 그의 물리적 지향의 체계를 통해 그를 붙잡을 수 있어야 하는 곳에서 그는 대신에 끈적끈적하고 더러운 생명력의 층에 의해 감추어진다. 여기에 다음이 추가되어야 한다. ① 이렇게 한 사람을 전체로서 붙잡거나 파악하는 것은 이런 맥락에서나 또는 어떠한 다른 맥락에서도 매우 불완전한 것일 수밖에 없으며 또한 매우 불완전한 것이어야 한다. 그러나 이것은 육체적인 정직 및 개방적이고 기만적이지 않은 솔직함의 요구나 가능성에 전혀 영향을 미치지 않는다. ② 나아가 가장자리에서 어떤 편차가 존재하는 이러한 특정한 혐오 특성은 또한 내면적 허위의 성질만을 고수하며, 따라서 부정직하고, 기만적이고, 비겁하고, 철저히 감정 가득한 생각과 확신의 삶을 고수한다.

　(4) 모든 종류의 **허위**, 부정(不貞), 배신 등에 대한 혐오는 유사하게 판단되어야 하며, 이러한 현상들의 혐오스러움의 정도의 다양한 색조와 차이는 우리를 더는 붙들어둘 필요가 없다. 그러나 내가 보기에 부정확함이나 가짜의 한 변이형은 특별히 언급할 가치가 있는데, 그것은 가장 넓은 의미에서 부정행위(corruption)라고 부를 수 있는 것이다. 다양한 삶의 가치들과 특별히

특정한 종류의 고귀한 가치들이 마치 기본 금속으로 녹아내리는 것같이 금전적 가치의 수준으로 내려갈 때, 인간의 의식은 '더러운' 어떤 것을 혐오스럽다고 간주한다. 첫째, 여기에 거짓말 — 그리고 허위가 있다. 우리가 어떠한 종류든지 간에 진정으로 지향된 보편적 경제주의(불가능성의 것)를 다뤄야 하는 것이 아니라, 단지 (공적 삶이 부패한 곳에서 사심 없는 공공 서비스의 가면과 같은) 금전적 이해관계의 가면을 쓰기 위해 사용되는 그 자체로 정당한 가치들의 시뮬레이션을 다뤄야 한다. 이것은 문제의 현상의 특이한 부정함을 특정짓는 데 기여하지 않는다. 그것은 오히려 다른 가치들의 뿌리를 뽑아버리고 그 자리에 스스로 견고하게 자리 잡는 돈의 특별한 습성에 관한 문제이다. 여기서 생명을 모방하는 치명성을 대체하면서, 완전히 살아 있는 다양성의 건강한 세포조직으로 침범해 들어가는 형태가 없고 동질적으로 질척하고 걸쭉하고 부식된 덩어리의 이미지가 부지불식간에 솟아오른다. 그러나 바로 이 점에서 부정행위에 필수적인 특성이 확고하게 기초한다. 명예, 공공복지, 확신 등의 억압된 가치들은 단순히 동질적인 금전적 가치의 우주를 위한 공간을 만들기 위해 사라지지 않는다(이것은 부패라기보다는 형이상학적 붕괴와 같은 것을 위한 길을 열어줄 것이다). 오히려 억압된 가치들은 부분적으로는 단순한 가면으로서 존재하지만, 또한 부분적으로는 (그때에서야 진정으로 부정행위가 가능하기 때문에) 축소되고 뿌리 뽑힌 형태로 그리고 또한 진정한 가치의 힘으로서 존재한다. 바로 이 본질적이고, 명백하게 점진적인 해체와 발근(拔根) 안에 부정행위의 부패적 측면, 썩어가고 있는 생명 물질의 심상이 존재한다. 이와 완전히 일치되는 사실은 부정행위도 또한 일반적으로 부패의 광택과 번영의 외형을 드러낸다는 것, 그리고 부정행위가 기민함, 모험성, 표면 특질의 다형적 다양성, 새로움, 재물의 신(mammon)의 케케묵은 전능함을 감추는 데 기여하는 많은 종류의 유사 가치들과 함께 한다는 것이다. 여기에서도 우리는 의심할 여지 없이 특별한 종류의 삶의 잉여를 받게 되며, 그 삶의 잉여에 대한 혐오는 과잉, 포만의 혐오와 많은 공통점이 있다. 그러한 혐오는 정확하게 혐오의 대상으로서 무익한 풍부함을 가진다. 여기서 다루는 혐오의 유형은 **고귀하지 않은** 것에 의해 유발되는 혐오와 밀접한 관련이 있어 보인다는 점도 언급할 가치가 있다. 고귀하지 않은 것은 동질적인 것, 조잡한 것, 자기주장과 과대망상 상태 – 문제나 이상(理想)이 없는 무한한 생명력 – 에 빠져 있는 모든 것이다. 그러나 돈 역시도 본래의 생물학적 충동처럼, 유사한 자연 그대로의 생명일원론의 기초가 될 수 있다. (이러한 현상의 사회학은 현재의 틀에서는 적절하게 다뤄질 수 없다.) 그러나 맘몬주의와 관련하여 우리가 왜 생리학적 혐오의 숨결은 덜 느끼고 오물의 냄새는 더 느끼는지 그리고 삶의 가장 기본적인 고귀하지 않고 천박하며 날것 그대로의 관심사 – 좀먹고 부패한 분위기 – 와 광범위하게 융합됨에도 불구하고 금방 알아보는지는 명백하다. 이러한 삶의 관심사는 현재의 사회적 조건 아래 기본적인 생물학적 욕구도 포함하지만 일반적인 정신과 지향 안에서 단순히 생물학적 삶의 의지의 '문명화된' 영역으로의 전이를 나타낼 뿐만 아니라 생물학적 관점에서도 스스로 궁핍함과 뒤틀림 속에 정박하는 가치의 실현을 위한 노력을 의미하기도 한다.

(5) 우리는 지금 하고 있는 이야기를 모든 **도덕적 유약함**(moral softness)의 혐오 관련성, 즉 비일관성, 무기력의 혐오 관련성 – 거짓됨과 부정(不貞)의 의미에서라기보다는 도덕적 무정형성 및 내재적이고 본질적이고 억제되지 않는 비굴함의 의미에서 성격의 약점 – 을 언급하면서 마무리하고자 한다. 확고한 결심이나 지속적인 인내의 태도를 채택하지 못하는 내적 무능력은 예를 들어 엄밀한 의미에서 비겁함보다는 이 영역에 더 속한다. 그것은 관련된 사람에 대

한 실질적인 직관적 이미지를 우리에게 제공하지 않기 때문에 혐오스럽기보다는 경멸스럽다. 여기에는 감상주의, 도덕적 무감각, 그리고 아둔한 분출과 홍청거림 등의 지적이고 도덕적인 삶의 유약함 전반이 속한다. 이 모든 것이 그럴 필요는 없지만 관찰자에게 혐오 반응을 일으킬 수 있다. 그것은 자기 예찬하는 영성의 사치에 의해 유발되는 혐오 유형과 유사하다. 그것이 일반적으로 지적인 삶의 총체적인 배열과 지향과 관련된 것이 아니라 연관된 모든 정신적 감정을 포함하여 그것과 밀접하게 얽혀 있는 더 친밀한 형성물(formation)과 관계가 있다는 것만 제외하고 말이다.

이런 종류의 혐오는, 러시아 문학의 특정 부분을 특징짓는 영혼과 감정의 고양에서 러시아 문학을 추종하는 일부 숭배자들의 관념 세계에서는 훨씬 더 (나를 포함하여) 많은 사람이 경험하고 있다. 여기서도 모든 견고한 형성물, 모든 차별, 선택, 목적과 의미를 향한 모든 탐구에 저항하는 것은 부드럽게 분출하는 삶의 유형이다. 그러한 삶의 유형은 관련된 가치 내용의 부족과 생명의 경악스러운 충만함 사이의 불일치의 결과로서 혐오 효과를 가진다. (좀 더 심오한 의미에서 영혼의 이 모든 부산함은 물론 거짓이고 기만적이다. 왜냐하면 생명의 진정한 힘과 영혼의 위대함은 항상 견고함, 항구성, 형식을 향한 의지를 나타내지만, 여전히 개인의 감정은 진정성과 진실성을 드러낼 수 있기 때문이다. 후자는 '러시아 영혼'의 독일 숭배자들보다 러시아 숭배자들에게서 더 자주 발견된다.) 그렇게 너무 쉽게 스스로를 두드러지게 만드는 모든 살아 있는 물질이 부패의 과정을 시작하는 것으로 의심받게 되는 것은 이유가 없는 것이 아니다. 그럼에도 불구하고 약간의 부패는 문제의 재료의 특정한 냄새와 맛을 억제하는 것이 아니라, 실제로 훨씬 더 특유한 냄새와 맛 – 고급스러운 풍미의 현상 – 을 내게 하는 정도까지 강화시키며, 그럼으로써 그 재료의 독특하게 비이성적인 생생한 내용을 훨씬 더 높은 수준으로 끌어올린다. 경험 많은 눈이 특별히 강렬한 느낌의 삶을 드러내는 영혼의 소멸과 부정함의 연관성을 탐지해내는 데 실패하는 경우는 극히 드물다. 경험이 많은 눈이 특별히 강렬한 느낌의 삶, "심원성"으로 넘치는 삶 – 주된 강조점이 느낌 그 자체에 놓여 있고, 객관적인 목표들, 심지어 가장 심오하고 정식화하기 어려운 목표들도 결여된 삶 – 을 드러내는 영혼의 소멸과 불결함의 연관성을 탐색하는데 실패하는 일은 극히 드물다.

3.4 혐오와 생사(生死)의 관계

우리는 혐오가 근접성에 의해 유발되거나 삶과 죽음에 결정적으로 관련되는 방식으로 구성되는 특정 형성물의 도전적인 효과나 교란하는 효과에 의해 유발된다는 결론을 도출할 수 있다. 이제 우리는 이 '결정적으로(determinate manner)'와 '도전(challenge)'을 어떻게 이해해야 하는가?

(1) 혐오스러운 구성물에 있는 삶의 잉여는 규범, 방향, 삶의 계획, 틀에 반대되는 것으로서 드러냄, 과장된 표상, 생명력 또는 유기적인 것이 팽창한 과부하 상태를 의미한다. 그것은 비유기적인 것, 도식적으로 막연하게 나타나는 것의 개별적인 삶에 완전한 의미가 명시된 단어이다. 이러한 삶의 잉여는 여전히 실존적으로 일관성 있는 개별적 삶의 다소 과장된 측면의 문제일 수도 있고(역겹고, 품위 없고, 말하자면 발산하고 내뿜는 삶의 충동) 개인 존재로서 실재하는 존재의 종말에 의해 야기되는 살아 있는 물질의 죽음의 춤(*danse macabre*) – 부패, 소산(消散), 그리고 물질의 분비 – 일 수도 있다. 또한 이러한 현상이 어디까지 형이상학적 타당성으로 귀속될 수 있으며 어디까지 관계자의 편에서 연상적 사고에 의해 보완되거나 창조되는가 하는 질문에 대한 우리의 답변에도 차이가 있을 수 있다. 그럼에도 불구하고 혐오 현상

에는 이러한 삶의 잉여가 필수적으로 억제된다. 우리의 생각으로는 그리고 아마도 이것은 이전의 몇 가지 진술에 의해 뒷받침될 수 있을 텐데, 이 현상에 상응하는 형이상학적 실재가 있다. 삶의 과도한 진동과 목적에 의해 구조화된 삶 사이의 대조는 그 자체가 형이상학적 논거이며 어떤 과민한 상상력의 산물은 아니다. 물론, 각각의 개별적인 구체적 사례에서, 그리고 또한 모든 유형의 혐오와의 관계에서 이러한 상상력이 개입되는 정도는 다를 수 있다. 그것은 순수하게 부패의 혐오에서 최소치에 도달한다.

우리가 여기서 혐오 모티프로 지정해 온 생명의 풍부함은 지성에 의해 인도되는 정도가 가장 큰 고등 생명체보다는 하등 생명체와 연관되어 있다. 그것은 또한 구분 및 개성과 대조적으로 유착과 관련이 있다. 덜 조직화된 형태의 생명체는 실제로 제한되지 않은 확산과 풍요로운 성장에 더 치우쳐서 질에 대한 무관심을 드러낸다. 지적인 삶은 항상 긴장, 통제, 구속, 그리고 균형을 상징한다. 하등 생명체는 어떤 의미에서 더 적나라하다. 하등 생명체들은 그저 생명일 뿐이며, 오직 이런 의미에서만 혐오의 순간과 어떤 관련이 있을 수 있다. 육체성, 물리적 충만, 억셈, 실제성은 전혀 이 영역에 속하지 않는다. 그것은 낮은 존재 영역에 뿌리를 둔 것도 아니고 혐오의 대상이 될 수 있는 낮은 영역들 자체도 아니다. 그것은 단지 그 지향에 의하면 제한이 없는 무질서하고 다소 과장된 팽창일 뿐이다. 우리는 '땅속에 사는(earthy, 저속한)'이라는 낱말을 기어 다니는 거의 지하에 사는 해충 떼와 관련해서는 특정한 유형의 인간과의 관계에서 사용하는 것과 다르게 사용한다. 인간 유형과 관련해서 사용할 때 그것은 우리가 혐오스럽게 여기는 것과 완전히 반대되는 유형이다. 그러한 해충은 오히려 보기 흉한 방식으로 격동되고 활기를 띠게 되는 지구의 한 지대의 이미지이다. 탐욕스러운 욕심은 혐오스러울 수 있지만, 예를 들어 정성 어린 풍성한 식사는 그렇지 않다. 섞음질의 순간들과 분화의 부재는 우리로 하여금 부패와 확장하고 동질화하려는 부패의 한없는 동력, 즉 썩어가는 수분, 걸쭉함, 축축함, 끈끈함과 같은 혐오스러운 요소들을 생각하게 한다. 여기서 사용된 의미로 잉여 생명은 그 생명 위에 설정될 수 있는 어떠한 경계도 모두 돌파하고 주위 환경에 스며들기 위해 애쓴다. 따라서 잉여 생명은 개별적인 구성과 자기 봉쇄에 가장 첨예하게 대립해 있는데, 질탕한 주연(酒宴), 상간(相姦)의 개념이나 종양의 성장, 말라리아 원충과 같은 것들만 고려할 필요가 있다. 공동체는 이러한 의미에서 관계의 풍부함이나 사랑의 관계와 혼동되어서는 안 된다. 여기서 우리가 관심을 두고 있는 것은 다른 존재들의 본성에 다가가서 포용하는 것, 그 존재들을 경험하는 것이 아니라, 낯선 존재들의 전체든 부분이든 간에(부분은 혐오에 더 중요하다) 해체, 존재하기를 그치는 것이다. 혐오의 대상이 다가와서 마치 뱀처럼 우리를 향해 달려드는 방식은 일방적인 사랑이나 잘못된 사랑의 방식이 아니다. 그것은 훨씬 더 악의, 매정함, 자신의 존재를 위한 노력, 우리가 마음을 돌리지 못할 것이라고 여기는 이러한 혐오스러운 구성물에 대한 친근감을 비웃는 웃음을 수반한다. 여기서 이것은 통일, 즉 견고하게 서로 결합되는 것의 문제가 아니라, 제약 없는 융합과 혼돈의 문제이며, 그 문제의 동전의 이면은 분해, 분쇄, 보편적인 무관심이다. 혐오의 현상이 우리에게 스스로 나타내는 것은 완전한 지향 가운데 죽음이지 삶이 아니다.

(2) 혐오를 자극하는 죽음을 향한 지향의 가장 큰 특징은, 여기서 그렇게 천명된 생명의 잉여를 통해, 말하자면 우리가 죽음을 향한 회로에 포획되어 있는 것처럼, 이 강화되고 집중된 생명이 죽음에 대한 조급한 갈망, 즉 생명의 에너지를 낭비해 버리고 소모하려는 욕망, 섬뜩한 물질의 방탕한 욕망에서 나왔어야 하는 것처럼, 이것이 완전히 혐오 자체의 생명 지향에 만연해

있다는 것이다. 왜냐하면 처음에는 지나치게 강조된 '충만함'의 순간에도 불구하고 삶의 차원에서 피폐한 삶이 항상 여기에 있기 때문이다. 즉, 삶의 집합적 구조의 유기(遺棄), 즉 하나의 특정한 발전 노선의 열광적인 추구가 발견되기 때문이다. 지향적 배경, 맥락적 관점, 통합성의 특성은 여기에 부재하다. 생명은 본질적으로 동질적인 '유체(流體)'로 응축된다. (부패하거나 폐기되는 물질, 떼 지어 다니는 해충, 부적절한 지적인 허영의 삶의 특성도 비교해 보라.) 이러한 생명의 잉여에는 비생명, 즉 죽음이 거주한다. 생명의 축적을 통해 죽음의 일부가 되는 것은 단순히 죽음 또는 존재의 멈춤에 비해 독특하게 왜곡된 특성을 가지고 있다. 그것은 마치 혐오스러운 대상들의, 죽음의 틀 안에서 상기되는 일종의 생명력에 흔히 있는 경우지만, 우리가 매력을 얻는 것과 같다. 약화되고 그리 친밀하지 않은 형태에서 혐오스러운 것은 자극적인 것과 어떤 관련이 있다. 왜냐하면 처음에 말하자면 그 대상에 관심을 가지도록 하는 거의 가치 중립적인 초대인 무언가가 실존적 유용성보다는 혐오스러운 대상의 본질에, 그 대상의 특질들(상존재)에 있기 때문이다. 그러나 이것은 항상 죽음과 함께 잉태되어 있는 그 대상의 특성에 있어서는 아무것도 바꾸지 못한다. 가장 전형적인 경우, 혐오스러운 대상은 부패물로 분해되는 형태든 해체의 형태든, 분산의 형태든, 열등하고 더 무성하고 활력 넘치는 힘에 의해 장악되는 존재의 형태든, 자신의 붕괴를 향한 가시적인 단계들에 접근한다. (예를 들어, 독재와 그로 인해 난국에 빠짐을 통한 사회적 삶에서, 부패의 기간 이후 늪에서 꽃이 피는 충만함 속에서). 특히 주목할 것은 잠재적으로 혐오스러운 생명의 무성함의 유형이다. 그것은 가난과 동질성과 발전의 선형성을 보여주지만 – 형이상학적인 추정은 무시하면서 – 병리적인 악화, 즉 극단적인 전파와 성장을 포함하지는 않는다. 여기에는 순식간에 마주치는 죽음의 지향, 삶의 흥망에 대한 과도한 강조가 있다. 모기나 각다

귀 떼의 현상을 떠올리기만 하면 된다. 개체에게는 여기서 형성된 생명의 단위가 죽음만을 의미한다. 이런 종류의 형성은 쇼펜하우어의 삶의 충동이라는 관념, 즉 적절한 삶의 의미는 죽음이라는 테제를 정당화하는 것으로 보인다. 의심할 여지 없이 생리적이고 또한 식물적인 삶의 열대 리듬에도 (유럽인들에게) 존재하듯이, 삶을 향한 미친 듯한 속도와 격렬한 열정과 조화를 이룬 이 모든 삶의 짧음과 실패 안에 혐오스러운 무언가가 있다.

이제 더 나아가서 스스로 드러내는 죽음을 향한 지향은 개인의 고유한 생생한 존재(현존)에 관련되는 것이며, 또한 혐오스러운 대상의 해로움, 즉 공격성 – 내부에서 실효 있게 부패하고 변질되는 것을 접촉하는 모든 것에 옮기려는 위협 – 에 좌우되는 것이다. 이것은 부패가 전염병과 같은 형태로 퍼지는 것을 의미할 필요는 없지만, 직접적인 독처럼 전적으로 해로운 방식이 아니라 여전히 어느 정도 전염되는 방식으로, 어떤 식으로든 부패의 피해자와의 일종의 교통에 기초하여 부패가 해체를 일으키고 약화를 야기한다는 것을 의미한다. 그러나 모든 혐오스러운 것이 해롭다는 것은 전혀 사실이 아니지만, 부패한 물질의 독성, 곤충들의 악의, 스스로 널리 퍼지려는 도덕적 타락의 악의적 충동과 같이 중요한 사례에서 그러한 관계는 분명히 존재한다. 그러나 분명히 그러한 혐오스러운 대상들에 대한 우리의 이미지에서, 위험의 순간과 일반적으로 우리 자신의 개별적 존재에 대한 위험의 중요성은 결코 중심적인 위치를 차지하지 않는다. 이런 경우에는 혐오가 아닌 두려움이 존재한다. 사실, 혐오스러운 구성물은 매우 자주 두려움과 공포의 대상인 경우가 많으며, 매우 자주 무섭거나 불길하다. 그러나 지배적인 것이 혐오인 한, 그것은 분출과 공격성을 포함하여 그 대상의 **속성**의 내재적인 특징이 될 것이며, 그러한 특징들은 대상으로부터 발산되는 위험이 아니라 지향되는 것이다. 후자가 조금이라도 효력을 발휘하려면, 주체가 어느 정도 자발적으로 대상을 향해 방향을 틀고 접근해야 한다는 것이 일반적으로 전제되어 있기 때문이다. 예를 들어, 그는 실제로 상한 음식을 먹는다. 게다가 혐오스러운 구성물의 두려움 유발 효과는 우리의 삶에 침투하여 스며드는 치명적인 무언가로서가 아니라 오히려 말초적이고 괴롭히는 효과로서 지향된다. 사람들은 대상에 의해 더럽혀지거나 그 대상에 들러붙게 될 것을 두려워할 수 있다. 심지어는 그 대상과 어떤 형태의 지속적인 교감을 하게 되거나 어떤 식으로든 해로운 관계를 맺게 되어 우리의 인격이 훼손될 수도 있다. 그러나 우리가 죽거나 신체적으로 심각하게 해를 입을지도 모른다는 것을 두려워하지도 않고(그래서 그 두려움은 우리 자신의 완전한 상태를 향한 지향에 달려 있는 것이 아니다), 우리가 그 대상과 형이상학적으로 결속되어 그 대상 속에서 자신을 잃을 수 있다는 것을 두려워하지도 않는다. (심지어 후자의 지향은 훨씬 더 불안이나 두려움에 조응한다.) 혐오감 속에서 우리는 그 대상과 더 가까이 더 활발하게 접촉한 **결과**를 전혀 생각하지 않고, 오히려 우리가 그 대상에 더 빠져들게 됨으로써 야기되는 혐오 그 자체의 근접의 순간, 임박한 극대화에 대해 생각한다. 어쨌든 우리의 관심은 대상의 공격적 성향에 끌린다. 그 공격적 성향은 대상의 괴롭히려는 욕망과 방어를 높이려는 우리 쪽의 상관된 경향성, 주체가 대상의 근접성을 허용하지 못하게 하려는 것과 같은 대상 자체의 특성 자체이다. 그러므로 위에서 언급한 죽음을 향한 지향은 혐오 받는 사람이 그의 죽음이나 이후의 그의 상태 또는 그의 지적이고 도덕적인 자아의 사라짐 때문이 아니라, 오히려 – 이미 가능한 근접성의 힘에 의존하는 경우로서 자신의 인격이 함께 지향되는 한 – 그가 죽음의 영역, 죽음으로 가득한 영역으로 옮겨진 탓으로 만든다. 비록 다시 그 자신의 죽음과의 친화성에 관한 것이나, 그의 운명을 변화시키는 것에 대한 것은 아니지만 말이다. 우리는 이 지점에서 혐오와 관련된 도전이나 도발의 본질에 관한 질문에 도달한다.

(3) 혐오스러운 것에서 나오는 도전은 2절에 묘사된 혐오의 양가성에 일치하는 이중적인 의미를 가지고 있다. 그것은 동시에 초청이자 억제이며, 유인이자 위협이다. 혐오에 내재된 '교태'는 퇴폐적인 시에 의해 이미 인식되어 왔다. 확실히 그 안에서 지배하는 것은 부정적인 것이다. 근원적인 긍정적인 요소는 방어 반응의 격렬함을 통해서만 증가한다. 왜냐하면 방어 반응은 여전히 우리가 동시에 접근하려는 유혹을 느끼는 어떤 것에 맞서 이겨야 하기 때문이다. 당연히, 그 매력이 단순히 어떤 신비스러운 종류의 문화와 양육의 압력에 의해 강한 반감으로 반전되는 듯하다는 것은 전혀 아니다. 마찬가지로, 반감의 요소도 그 안에 단단히 뿌리박힌 무언가로서 현존한다. 그러나 반감을 현실화하는 것은 이러한 초대뿐인 것 같다. 우리가 혐오스러운 것을 회피하는 것은 그렇지 않다면 그것을 붙잡아야 하기 때문이다. 혐오스러운 것은 그것의 귀결에 대한 불리한 경험의 결과로서가 아니라 그 대상의 특징들을 진정으로 참조함에 힘입어 일어나야 하는 무언가이다.

거칠게 말해서, 혐오에서 발견되는 도전은 대상이 주체에게 삶과 죽음(죽음이 돌이킬 수 없는 압도적인 의미에서)을 동시에 의미하며 주체를 향해 삶과 죽음을 단단히 끌어당긴다는 사실에서 스스로 드러난다. 여기서 나타나는 삶의 과잉에 의해 야기되는 도발은 주체인 사람의 기능적 측면들과의 연관에 의해 설명된다. 주체인 사람에게는 그 대상을 먹고 싶고 만지고 싶고 등의 유혹이 생긴다. 그러나 죽음을 향한 지향도 혐오 받는 대상을 즉각적으로 덮치는 무언가이다. 자극과 그에 따르는 내적 부정은 방어 자체의 태도 형성이 아니라 방어의 실현과 중복에 대해서만 책임을 질 수 있다. 이러한 접촉은 그 사람이 죽음 같은 삶에 대해 느끼는 감정과의 친화력에 기초한다. 후자는 동시에 아름답고 따라서 이중적으로 위협적인 것으로 경험되는 위험한 대상이 위협하는 것과 같은 방식으로만 위협하지 않는다. (예를 들어, 결코 혐오스럽지 않은 아름다운 호랑이, 웅장한 폭포 — 말하자면 아름답지만 군림하려 드는 여인, 또는 맛있지만 금지된 음식) 오히려, 그 문제의 본질적인 특성과의 관련성이 부인되기는 하지만, 여기에도 어떤 친밀성이 존재한다. 모든 혐오스러운 대상이 드러내는 것으로 보이는 죽음의 추악한 얼굴은 우리에게 우리 자신과 죽음의 친근성, 죽음에 대한 불가피한 복종, 비밀스러운 죽음에 대한 동경을 상기시켜 준다. 그래서 그것은 – 사형 선고를 받은 사람의 사형 집행 시간이 무자비하게 다가오는 경험과 유사하게 – 해골과 모래시계처럼 죽음으로부터 탈출할 수 없는 우리의 실존적 무능에 대해 경고하는 것이 아니라, 본질적인 죽음에 대한 복종, 우리의 삶 자체의 죽음을 향한 지향성, 죽음에 바쳐진 물질로 이루어진 우리 존재에 대해 경고한다. 누군가는 우리가 이미 부패할 준비가 되어 있는 물질 안에 빠져 있다고 말할 수도 있을 것이다. 혐오스러운 대상은 우리 눈앞에서 모래시계가 아니라 일그러진 거울을 들고 있다. 그것은 우리에게 말라버린 영원성 가운데 있는 해골이 아니라 오히려 더는 해골에 붙어 있지 않고 여전히 유동성 부패 물질인 것을 보여준다.

그러나 혐오가 우리 자신의 해체에 대한 두려움이나 공포를 의미하거나 우리 자신의 취약성에 대한 관심을 의미하지는 않는 듯하다. 그것은 그 대상에 관련된 메스꺼움의 상태에 훨씬 더 가깝다. 그 상태는 대상을 반대 방향으로 최종적으로 밀어냄을 통해 절정에 이르는 대상의 특징들, 대상의 상존재를 급히 통과함이다. 우리가 방금 언급한 두려움이나 공포의 태도에 빠지게 되는 것은 혐오스러운 것과 혐오 자체에 대해 계속해서 성찰하고 숙고할 때이며, 우리 자신의 운명을 마치 벌레의 먹이처럼 의식하게 될 때다. 그것은 예를 들어 자신의 신체 일부나 자신의 생명에 대해 혐오감을 느끼는 한 혐오 그 자체에서 자리를 잡는다. 그러나 혐오 현상의 전경에는 구체적인 특징들을 가진, 더 정확하게 말하면 특별하게 강조된 존재적 근접성의 순간과 함께 특징들을 지닌 대상이 남아 있다. 그러한 강력한 '밀어냄'의 본능적 반응은 물론 (미학적인 평가를 하는 태도의 최대 한계에서 일어나는 종류의) 자신의 존재에 대한 우려의 순간을 완전히 중지시키는 조건 아래서는 불가능할 것이다. 그러나 존재를 향한 이러한 지향은 이것이 대상의 인과적 효능에 달려 있듯이 단순히 자신의 상황(자신의 생존)으로 향하는 것이 아니라, 그 대상의 근접성 – 감각적 지각 능력, 감지 능력, 대상과의 기능적 관계·교통·교감의 밀접성과 같은 근접성 – 을 통해 이루어진다. 우리는 이것을 실질적인 근접성이라고 부를 수 있을 것이다. 모든 실제 근접성처럼 그것은 우연히 발생할 수 있다. 그러나 그것은 관련된 주체의 독특한 성질, 독특한 노력 때문에 완전한 의미에서 존재한다. 그것은 '형이상학적 환경'이다. 이것은 실존적 상황이 수많은 특징에 의해 조건화되고 형성되는 유일한 경우는 아니며, 반대편에서 실존적 상황 자체가 다시 특징적인 결정에 재현되고 그 특징적인 결정에 스며드는 유일한 경우도 아니다. 왜냐하면 이미 암시했듯이 먼저 우리가 어떤 방식으로든 그 문제를 파악할 수 있게 해주는 것이 바로 이것, 즉 우리 존재의 일반적인 속성들을 건드리고 동시에 혐오를 유발하는 대상의 구체적인 특징들을 집중적으로 나타내는 실질적인 근접성이기 때문이다. 혐오는 주체 자신의 자아를 나타내지 않는다. 이것 때문에 혐오는 주체의 존재 전체에 대해 실제 영향을 너무 적게 주며, 주체의 본질적인 존재 형성에 미치는 영향은 너무 적다. 이는 주체의 경험에서 그가 주로 지향된 자신을 발견하는 구체적 상황이다. (이 경험은 확실히 그런 인간 존재와 관련이 있지만, 특별한 경우를 제외하고는 문제의 주체의 고유한 개인적 문제와 관련이 있는 것도 아니고 그가 관여된 사건들의 유기적 발전과 관련이 있는 것도 아니다.) 여기서 이 특별한 상황, 즉 삶과 죽음을 향한 꽤 특징적인 지향과 대상의 근접성은 그 대상 자체와 그 대상의 삶과 죽음의 선포 사이의 통일성을 구성한다. 대상 자체에는 요소들의 도착적 근접성, 삶의 억압과 삶을 형성하는 긴장의 부정을 동시에 의미하는 지배적인 근접성 – 가장 내밀한 본질이 확장을 향해 맞추어진, 눈사태처럼 팽창함을 향해 맞추어진 근접성 – 이 있다. 이런 의미에서 어쨌든 가까이 있는 대상이 그저 우연히 시야에 있다는 것은 이미 완전히 결정되고, 공격적이고, 뜨겁고, 끈적끈적한 근접성으로서 주체에게 나타난다는 것이다. 대상은 **근접성에 의해 스며든 이러한 것**으로서 개인에게 주어진다. 따라서 대상에 대해 반발하는 방어 반응은 그 대상에 핵심적인 특징들을 향한 지향과 함께 나온다. 여기서 우리는 혐오 현상의 형식적 의미와 물질적 의미 사이의 연관성, 대상의 특징들과의 관계와 죽음으로부터 방어하려고 애쓰는 대상의 노력, 삶에 빠져 삶을 배반하는 종류에 대한 대상의 굴종 거부에 대한 이해에 더 가까워진다. 또한 이런 방식으로 우리는 – 연관된 쾌락에 신물이 난 경우나 연관된 취향이나 육체에 구역질 나는 성적 접근을 하는 경우처럼 – 혐오스럽지 않은 성질을 가진 대상이 특정한 상황에서 근접성을 통해 혐오스러워 보일 수 있는 독특한 현상에 대해 더 철저하게 이해하게 된다. 비록 우리는 여기서 주로 어떤 사태와 관련된 혐오(어떤 경우든 더 미묘한 도덕적 혐오)를 다루고 있지만, 가능하면 그렇게 도덕적으로 관련된 사태를 형성하는 통합된 특징들을 가진 직관적인 대상에 집중하고 있다. (많은 다른 감정 충동에 관해, 유사한 종류의 '연관 전이'는 그러한 격렬함과 함께 일어나지 않는다. 따라서 예를 들어 특정한 사건 전개에 대한 두려움은 결코 자동적으로 그 사건을 일으키는 데 어떤 역할을 할 수 있는 인간들에 대한 두려움으로 전환되지 않을 것이다).

마지막으로 우리는 이 모든 다양한 주장 자체의 가능성, 혐오 현상과 또한 어떤 의미에서 혐오스러운 것의 통일성에 관한 우리의 최초 가설이 확인될 수 있다는 것을 언급한다. 물리적으로 혐오스러운 것과 도덕적으로 혐오스러운 것의 친화성은 단지 특정한 형식적 관계의 재생산의 문제가 아니라 훨씬 더 본질의 실질적 평등, 무수한 과도기적 현상(보통 말하는 필수 충동, 성적 충동, 포만감의 의식)에 의해 확인되는 무언가의 문제이다. 이 결론은 삶의 중요한 구성 요소로서 혐오의 중요성에 대한 우리의 평가에 기여해야 한다.

4 혐오의 윤리에 대하여

썩은 고깃덩이의 행렬이 우리 앞에 혐오스럽게 둥둥 떠가고

태양은 그 위에서 춤추고 있었기에

…

나는 나 스스로를 사랑이라 칭하여 왔고, 이제는 나에게도 엄습하네

가장 흉악한 법률 앞에서 욕지기가

…

나의 아버지, 당신은 나의 아버지이시니

나로 하여금 이 썩어버린 존재를 사랑하게 하소서

나로 하여금 이 썩은 고깃덩이 안에서 당신의 자비를 읽게 하소서

그렇지 않다면 여전히 혐오가 머무는 곳에서 그것이 사랑인가요?

…

그는 스스로 땅바닥에 마구 몸을 던져버렸고,

그의 양손을 썩은 해충에 묻어버렸네

그리고 아, 순백으로부터 솟아오른 장미,

그리도 깊은 장미의 향기여.

— 프란츠 베르펠(F. Werfel), 「예수와 썩은 고깃덩이의 길(*Jesus und der Äser-Weg*)」

4.1 혐오의 윤리적 기능

앞의 3절에서 도덕적 거부와 우리의 비윤리적인 것의 인식에서 혐오의 역할을 보여주는 많은 예를 다루었다. 혐오가 그러한 역할을 한다는 것은 반박되지 않으며, 실제로 혐오 현상과 윤리적 비난 현상은 서로 병행하는 것이 아니라 다소 모호한 방식으로 서로 연결되어 있기만 하다는 사실에 의해 확인된다. 이것은 예를 들어 증오 및 유사한 불승인의 감정들의 경우에 더 잘 들어맞는다. 혐오가 구체적인 내용, 즉 '비이성적인 잔여'와 결부되어 있다는 것은 혐오의 특성에 속한다. 그것은 도덕적인 선의 비정상인 복무를 대신하고 있다고 말할 수 있을 것이다. 혐오는 일차적인 악의 경험이 아니다. 혐오가 지적이고 윤리적인 문제에 관련되는 한 그저 악을 가리킬 뿐이다. 더 정확히 말하면, 그것은 비윤리적인 것, 즉 도덕적으로 '부패한' 또는 '타락한' 것의 특정한 성질의 존재를 나타낸다. 이러한 특성을 더 자세히 묘사하기 위해, 우리는 혐오를 혐오와 관련되지만 더 일반적인 도덕적 비난의 느낌인 경멸의 감정과 비교할 것이다.

비록 경멸이 동일한 정도로 가치를 부정하는 모든 행위와 동반되는 것은 아니지만, 경멸은 명백히 판단 감정(*Urteilsgefühl*)이다. 경멸은 단지 논리적으로뿐만 아니라 실제로 경험되는 의미에서 그 대상에 대한 불리한 판단을 전제로 한다. 경멸은 판단을 내릴 능력이 있고 판단을 내리는 습관이 있는 사람에게만 가능한 반응이다. 그것은 정당화를 인정할 뿐만 아니라, 진정한 반박에 직면하는 경우에 당연히 무색해질 자기 정당화를 액면 그대로 감당하는 입장 취하기의 유형이다. 그러나 다른 한편으로 경멸은 또한 직선적인 감정 특성 안에 불승인하는 판단을 뛰어넘는 무언가, 즉 생물학적인 것의 색조, 혐오 자체의 기미를 포함하고 있는 것 같다. 개별적인 경우, 한 대상은 어떠한 혐오의 흔적도 없이 완전히 경멸의 감정을 불러일으킬 수 있지만, 일반적으로 경멸은 혐오의 순간이나 색조를 전제로 하는 것으로 보인다. 매우 많은 경우에 혐오와 경멸은 단일한 도덕적 불승인의 감정으로 결합된다. 우리는 누군가를 '벌레처럼' 경멸할 수도 있다. 윤리적 비난과 맞닥뜨리는 모든 것이 동시에 경멸의 대상이 되는 것은 아니며, 심지어 윤리적 영역 밖의 가치의 경험에도 마땅히 경멸이라고 할 수 있는 것이 있다. 경멸은 단순히 부정적 가치를 띠는 것을 향해 지향되는 것이 아니라, 비열한 것, 정제되지 않은 것, 부적절한 것, 신뢰할 수 없는 것 – 그리고 실제로 그 대상이 가치를 가장하고 주체에게 알랑거리도록 힘으로 요구하는 모든 곳 – 을 향해 훨씬 더 지향된다. 여기서도 마치 경멸의 감정 속에 형식화되고, 진정되고, 규제된 혐오의 순간이 이식되어 있는 것처럼, 혐오와의 유사점이 드러난다. 따라서 경멸과 혐오는 모든 면에서는 아니지만 특정한 본질적 관점에서 볼 때 둘 다 가치에 반하는 동시에 비참한 몰락 상태에 있는 것과 관련이 있다는 점에서 일치한다. 그러나 경멸은 부적절성의 요소, 시험을 견딜 윤리적이고 의지적인 무능력의 요소, 열등하고 비참하고 동물적인 삶의 이해의 요소와 더 관련이 있다. 반면에 혐오는 실질적인 부패와 상관관계가 있는 부정한 기질의 요소와 더 관련이 있다. 그러므로 하찮음은 비록 경멸적일지라도 결코 혐오스럽지 않다. 지나치게 까다롭고 지적인 욕망은 경멸스럽다기보다는 훨씬 더 혐오스럽다. 한 행위가 경멸스러울 수 있지만, 그것은 혐오의 대상이 되기에는 그 자체로 너무 추상적인 실체이다. 후자는 결코 그러한 적나라한 행위와 반대로 향하지 않을 것이지만, 그 행위에 유연하게 표현된 행위 주체의 인성과 반대로 향하거나 또는 그 행위 안에 포함되거나 그 행위와 불가분의 관계에 있는 구체적으로 가시적인 과정에 반대로 향할 것이다. 반면에 혐오의 영역은 결코 경멸할 가치가 없는 상황, 조건, (입맛 떨어지게 하고 더럽다고 여겨질 수 있는) 물질과 같은 것들을 포함하는 정도까지 확대된다.

이런 이유로 우리는 경멸만으로는 실행될 수 없는 대체 불가능하고 정당한 윤리적-인지적 기능이 혐오에 속하는 것으로 생각한다. 물론 정언명령 이론을 확고히 지지하는 사람들에게는 그러한 견해가 수용 불가능할 것이다. 왜냐하면 그런 종류의 윤리는 행위의 원칙과 아마도 그것으로부터 파생될 수 있는 성격만을 알기 때문이다. 그러나 도덕적 영역의 모든 조성과 표상을 아우르는 가치 윤리는 이 분야에서 혐오의 효능을 인식하는 데 실패하지 않을 것이다. 혐오가 경멸처럼 규범적 확실성을 얻지 못한다는 것은 분명 사실이다. 오히려 혐오는 윤리 외적인 취향의 감정들과 밀접하게 섞여 있음을 나타낸다. 일반적으로 혐오는 뒤따르는 윤리적 판단으로 향하는 이정표의 역할만을 할 수 있을 뿐 윤리적 판단의 즉각적인 결정 요인이 될 수는 없다. 그 대신에 혐오는 자발성과 독창성, 경멸에는 완전히 결여되어 있는 느낌, 감지 또는 지각의 밀접성에 의해 특징지어지며, 따라서 구체적인 사태에서 윤리적 지향의 공고화에 매우 중요하다.

그러나 혐오를 일으키기에 특별히 적합하고 따라서 사람이 '부정하다'는 주장을 환기시키는 판단 영역에서 어쨌든 더럽혀지는 악의 유형 또는 사람의 악에 대한 그러한 종류의 관계는 무엇인가? 누군가가 어떤 나쁜 명분이나 열정에 전적으로 진력하고 있다고 가정해 보자. 또는 적어도 그는 악이기 때문에 그가 완전히 의식적으로 악하며, 대개 악으로 여겨지는 것이 가장 진실하고 가치 있고 논쟁의 여지가 없는 선이라고 선언한다고 가정해 보자. (그의 지향의 구조는 여기서 상당한 정도의 차이를 보일 수 있다.) 이러한 철면피 범죄자의 악마주의는 좁은 의미에서 의지의 힘 밖에 있는 본능의 영역과 생명 욕구의 영역으로 확대될 수 있지만, 그 용어의 주된 의미에서 경멸스럽지도 않고 혐오스럽지도 않다. 이런 방식으로 범죄자를 인식하기 위해서는 결국 악마 자신이 배신당하는 것으로 표상해야 하는 형이상학적 관점이 요구될 것이다. 그러나 현상학적으로 말해서, 경멸도 혐오도 이런 경우에 적절한 즉각적 반응은 아닐 것이다. 만약 누군가가 신념을 가지고 선한 것에 전적으로 헌신하지만 여전히 자신 안에 악의 요소들, 즉 그가 여기저기서 굴복하는 정념과 약점을 가지고 있다면, 이것은 도덕적 삶의 다른 약점처럼 경멸스러울 수 있지만 마땅히 혐오스럽지는 않다. 왜냐하면 이 사람은 실제로 악의로 산다고 말할 수 없기 때문이다. 또 다른 유형의 경멸은 사소하거나 하찮은 비열함, 즉 어떠한 종류의 의심이나 내적 투쟁도 허용하지 않는 것과 관련된다. 하지만 주체는 이미 처음부터 그가 삶의 장애물들을 더 쉽게 극복할 수 있도록 고안된 악과 일종의 타협을 맺었다. 따라서 그것은 윤리적 가식이 없는 삶의 태도이다. 이 또한 혐오의 고유 영역에 속하지 않는다. 문제의 현상은 너무 자기-폐쇄적이고, 너무 안정적이며, 너무 특색이 없으며, 또한 진정으로 혐오스럽기에는 너무나 건강하다고 말할 수 있을 것이다. 무엇보다 다른 이들이 혐오를 일으키는 그런 종류의 부도덕성은 상당히 다른 구조를 보여준다. 그것은 (1) 자신과 악한 것 사이에 일정한 거리를 유지하고, 악과 굳건하게 동맹하지 않으며, 단순히 윤리적 범주들로부터 자신을 분리하지 않는, (2) 악과 (아마도 가망 없는) 갈등 관계에 있는 것이 아니라 훨씬 더 악과 지속적으로 갱신되고, 지속적으로 재실현되는 포용 관계에 있는, 스스로 악에 의해 반복적으로 정복되도록 허용하는, 그리고 따라서 (3) 악을 경험하고, 이것이 전제되어야 할 정도로 그것 때문에 아무리 단순히 형식적이더라도 그들이 도덕적 삶의 상황에 대해 호들갑을 떨고 그것에 짜릿한 흥분을 맛보는 악과의 내적 투쟁에 뛰어드는 인물들에 의해 드러난다. 한결같이 악하려고 (심지어 아마도 그들 자신의 형이상학적 자기 소멸을 향해) 애쓰는 사람의 특징인 정말로 악마적인 과잉 행동의 유형들과 반대로, 또한 주체가 여전히 어떤 식으로든 악한 것과 악에게 편안하게 경의를 표하는 상태들에 의해 표면적으로만 정복되는 상태들과 반대로, 한 사람의 실체가 부패의 상태로 변환될 수 있는 과정을 마치 우리가 거의 눈으로 보듯이 알 수 있는 것이 바로 여기다.

도덕적 부패에서 관련되고 케케묵은 인광(燐光)성의 빛을 발하는 것이 바로 사람의 가장 깊은 중심이다. 그것은 그의 경험과 가장 밀접한 관련이 있고, 말하자면 그 안에 가장 가치 있는 것이다. 그것은 마치 악을 향한 명백하고 자기충족적인 노력을 지배하는 것이 아니라, 원래 적어도 잠재적으로 선하고 고귀한 것이 여기서 타락으로, 무책임한 욕망 과잉의 태도로 기울어진 것이다. 어떤 불확실함, 반복적으로 속이는 도덕적 규범성의 모호성은 이런 유형의 부패, 도덕적 취향의 특징이다. 더 이상 신선하지 않은 요리를 제공받을 때 그 요리의 미심쩍거나 수상한 특성에 대해 처음에는 분별력이 없듯이, 여기서 이 '더 이상'의 어조는 그만큼 중요하다. 우리가 여기서 다루는 인간 유형은 자신을 마치 운명에 의해 악한 것을 향한 영원한 움직임 속에 부패된 존재로 여긴다. 이런 종류의 사람들은 때때로 구속받고 있을 뿐만 아니라 도덕을 '넘어서는' 하지만 여전히 가치 있는 운명에 지배받고 있는 척한다. 마땅히 범죄적인 유형에 대해서는 부패와의 어떠한 비교도 가능하기 어렵다. 왜냐하면 여기서 사실상 사람에 대해 유기적 물질의 부패에서 일어나는 종류의 부패 과정을 말하는 것은 전혀 문제가 될 수 없기 때문이다.

정신질환은 또한 이런 정도로 부패와 다르다. 정신질환은 주어진 삶의 기능적 구조의 틀 안에 삶의 과잉도 포함하고 있지 않으며 죽음의 의도도 포함하고 있지 않지만, 그것은 이 구조 자체의 왜곡이다. 이러한 상태는 필수적인 과정으로서 삶과 죽음에 전혀 영향을 미치지 않으며, 오히려 주체의 전체 정신적 삶의 경험적 조건에 영향을 미치기 때문이다. 그렇다고 해서 혐오를 유발하는 데 신체적 기형의 구성물과 유사한 효과를 내는 정신적 질병의 구성물이 있을 수 없다고 말하는 것은 아니다. 그러나 핵심적인 의미에서 오직 도덕적 부패만이 영혼의 가치 요소들이 인격을 파멸시키는 힘이요 경험인 악에게 도착적이고, 발작적이며, 근원적으로 복종한 사실을 드러내 밝히는 것이기에 혐오스럽다. 여기서 의심스러워지고 비난의 가능성으로부터 자유롭지 못한 것이 영혼 자체의 내용이다. 그 내용은 전체적인 의미에서 거짓이 되고, 스스로 그리고 그 내용의 모든 가치가 더럽혀진 채 부패의 과정을 잉태하게 된다. 이런 유형의 인간이 그에 대해 매혹적이거나 매력적인 무언가를 가질 수 있다는 것은 그와 혐오의 관계와 관련이 있다. 그러나 사실 여기서 그것의 덜 직접적임과 덜 명백한 긴급성의 결과로 신체적으로 혐오스러운 경우보다 기만의 가능성이 더 크다. 신체적 반응에 비해 도덕적 반응의 경우처럼 심지어 진정으로 범죄적인 인물도 야생 동물이나 즉각적으로 명백히 위험한 인간보다 훨씬 더 많이 속이는 능력이 있다.

긍정적인 영적 가치의 남용과 혐오 대상들의 강조된 특징들(상존재)과 관련이 있는 것은 도덕적으로 부패한 것 및 혐오스러운 것이 에로티시즘의 영역과 상당히 독특하게 밀접한 관계에 있으며 나아가 문제의 사람들의 말 습관과도 관계가 있다는 사실이다. 하지만 우리는 여기서 이러한 도덕적 악의 현상에 대한 더 이상의 기술과 분류를 삼가야 한다.

신체적 혐오의 윤리적 중요성에 한마디 덧붙여야겠다. 특정 사회에서 표준인 어떤 혐오 감정의 기능뿐만 아니라 신체적 청결과 단정함이 윤리적 관련성이 있다는 것이 일반적인 견해이다. 이러한 견해는 실제로 오늘날 다소 과장되어 있는 청결의 위생적 중요성에만 기대지 않는다. 외적으로 때 묻은 사람이 보통 내적으로도 더럽다고 주장된다면, 과도하게 꼼꼼한 신체적 단정함과 부도덕성이 결합되어 있는 또 다른 유형의 인간이 언급되어야 한다는 것 또한 지적되어야 한다. 청결과 혐오에 대한 민감성의 모든 정도에서 질적으로 다른 지향이 내포될 수 있다. 보통 말하는 태만은 아직 무감각은 아니며, 청결은 순수에 대한 진정한 욕구나 세련됨을 향한 에로틱한 경향으로부터 비롯되거나, 심지어 더럽혀진 물질을 다루려는 욕망에서 비롯될 수도 있다. 어떤 경우든 육체적 혐오를 경험할 수 있는 능력의 진정한 부재는 윤리적으로 거슬리는 것에 대한 의식이 위축되었다는 것을 의미할 수도 있고 아니면 경계 구분과 거리에 대한 느낌의 부적절한 발전을 노출시킬 수도 있다.

4.2 혐오를 극복하는 문제

베르펠(Werfel)의 아름다운 시로부터 발췌한 구절이 제시하는 아이디어는 우리의 주제를 하나의 모토(motto)로 기능하게 한다. 불안뿐만 아니라 혐오도 극복될 수 있으며 이러한 극복이 윤리적으로 가치가 있다는 아이디어는 이미 여러 가지 다른 변주곡으로 제시되어 왔다. 우리는 용감함과 비겁함의 유사점을 파고들지 않으면서 이 문제의 몇 가지 측면을 밝히려고 노력할 것이다. 자기 자신의 존재(현존재), 위험, 의사소통 경험, 낯선 상존재와의 신체적 접촉, 이것들은 윤리적 관점에서 서로 가장 상이한 상상 가능한 것들이다.

먼저 두 가지 근본적인 구분이 있다. 실제적이고 기능적인 측면에서 보면, 두 종류의 혐오스러운 대상이 존재한다. 바로 그 본성에 의해 이를테면 혐오스러운 것들과 어떤 특별한 상황에서만 혐오스러운 것들이다. 첫 번째 그룹에는 특별히 배설물과 부패 물질 일반이 속한다. 즉, 생명의 메커니즘에서 제거되고 방출되는 자연의 폐기물들이다. 그것들에서 나오는 매력은 그것들의 역겨운 특성의 효과에 의해 명백하게 압도된다. 그러한 대상을 거스르는 혐오 감각은 자연스러운 것이며, 엄격한 의미에서 그 대상에 적절하거나 알맞은 것이다. 여기서 '혐오스러움'은 색이나 농도의 명칭만큼이나 자동적인 특징지음이다. 그 문제가 여전히 기능할 수 있는 능력을 유지하고 있고 어쨌든 여전히 생명에 의지하고 있는 대상들 – 음식, 동물, 살아 있는 구성물 – 과의 관계에서는 다르다. 여기서 혐오의 느낌은 아무리 일반화될 수 있다 할지라도 항상 더 의지의 문제이며, 자체의 저항을 위해 주체의 결정에 더 의존한다. 이런 종류의 상황에서 혐오에 대한 태도 수정은 원칙의 문제로서 더 적절하다.

두 번째 구분은 몇몇 경우 역겨운 대상에 의해 드러나거나 역겨운 대상에 존재하는 '허세'와 관련된다. 어떤 혐오스러운 구성물들은 인식하는 주체와의 관계에서 전적으로 수동적이지만, 그것들을 애써 찾아내지 않는 한 그것들은 우리를 위해서는 존재하지 않는다(예를 들어 많은 종류의 곤충). 그러나 종종 그러한 구성물들은 보란 듯이 공격적인 실제 근접성을 나타내는데, 그것은 지속적인 특성을 가질 수 있으며 우리에게 자신을 강요할 수 있다(예를 들어 오물). 여기서 우리가 가지고 있는 것은 실제로 근접성 이상이다. 이는 그것에 대해 강박적인 요소를 가진 관계, 그 대상 쪽의 가치의 과시, 우리

삶에서 스스로 확고히 자리 잡기 위한 그 대상의 시도이다. 이것은 한 사람의 접근이 혐오스러운 것으로 경험 될 때 또는 한 사람이 우리가 혐오스럽다고 여기는 심성(心性)을 표현하면서 스스로 각광받고자 하는 경우이다. 혐오의 판단 자체는 여기서 다음과 같이 이해될 수 있다. 한편으로는 이 두 번째(즉, 가식적인 대상의) 경우에 혐오의 태도로 경솔하고 근시안적으로 후퇴할 위험, 현존하는 가치들을 무시할 위험이 더 있다. 그러나 다른 한편으로 실제로 주체가 혐오감을 갖게 되는 것에 대한 정당성은 더 클 수 있으며, 그것은 혐오 중독 상태에서는 제멋대로 '홍청거림'의 문제로 훨씬 덜 여겨질 수 있다.

앞서 말한 것에 기초하면 이제 결정적인 구분을 이해하기 쉬울 것이다. 이것은 혐오 현상에 내재된 거부-지향의 종류와 관련이 있다. 사실 혐오의 억제는 두 가지 의미에서 주체에게 요구되거나 최소한 제안될 수 있다. 혐오의 느낌이 관련 대상을 단순히 소멸시키는 지향을 정당화하도록 허용되어서는 안 된다는 의미에서 혐오는 '이 대상은 소멸되어야 한다'를 의미해서는 안 된다. 혐오만으로는 한 대상을 향한 우리의 태도를 완전히 결정할 수 없으며, 명백히 혐오스럽지만 자연의 불가피성(노폐물)인 대상의 경우와 반대로 혐오가 분개의 감정과 밀접한 관련이 있는 곳에서 그리고 특별히 '혐오스러운 인간'의 경우에 특히 더 그렇지 않다. 혐오가 한 사람을 향한 우리의 사랑을 지워버리도록 또는 더 일반적으로 문화를 재현하는 것들을 향한 우리의 사랑을 지워버리도록 허용되어서는 안 된다. 단순한 방어 반응, 거부 반응, 또는 투쟁 반응 외에, 또한 한 사람 안에 내재된 가치 있는 부분적 요소들을 위한 마음의 변화의 가능성이나 심지어 확증의 가능성도 항상 고려되어야 한다. 그러므로 상태나 조건의 의미에서 혐오의 정복은 원칙적으로 요구될 수 있는 것이며, 따라서 실제적인 필연성의 경우에 혐오스러운 대상들의 근접성이나 그 대상들을 용감하게 다루는 것은 습관에 의해 그리고 특정한 기술에 의해 그리고 일부 반응의 둔화에 의해 견딜만한 것이 된다. 앞의 경우처럼, 그것이 지향적 제약과 상대화의 문제였던 곳에서, 따라서 여기서 우리는 당연히 이것이 일상의 문제인 경우들을 포함하여 혐오의 실제적인 정신적 극복을 다룬다. 또한 이 두 가지 요구가 상호 연결된 영역들이 있다. 예를 들어, 과학적 연구와 대조되는 자선 사업에서, 한쪽 면에서는 혐오의 느낌이 순전히 당면한 일을 방해하기 때문에 극복되어야 하지만, 동시에 그리고 더 심오한 의미에서 혐오의 느낌은 인류를 향한 더 심오한 사랑의 태도 때문에 극복될 것이다.

그러나 이러한 이상이 일종의 편협한 편견 – 병적인 상상의 산물, 자연에 대한 모욕, 또는 그와 모든 것 그리고 따라서 모든 수단을 동원해서 저항해야 하는 무언가 – 으로서 혐오 개념의 형태를 취하는 것이라면 우리는 혐오의 극복에 단호하게 반대한다. (나는 '혐오 자체 말고는 어떠한 것도 혐오스럽지 않다!'라는 격언을 읽은 적이 있다.) 또한 우리는 혐오를 전혀 느낄 수 없는 수준까지 혐오를 보편적으로 사멸시키거나 약화시켜야 한다는 요구에는 전혀 동의하지 않는다. 이러한 종류의 입장을 취하는 것은, 상상력의 산물 외에는 세계의 긴장 상태가 가지는 다층적인 풍부함을 감히 인정하지 않고, 객관적 가치가 존재하며 이것이 '비과학적인' 것으로서 여겨지기 때문에 특성들을 무시해야 한다는 제안에도 공포에 뒷걸음치는 가장 가련한 유형의 인식론적 주관주의에 뿌리를 두고 있다. 그러나 그것은 또한 부분적으로 부정적인 것의 더 강력한 강조에 항의하여 징징거리기 시작하는 자연주의적이고, 유사 낙관주의적이고, 비도덕주의적인 어리석음의 종류에 뿌리를 두고 있다. 이것은 자연에 대한 범죄, 말하자면 적나라한 편견 또는 금욕적인 광신주의의 문제이다. 이에 반대하여 우리는 생물학, 형이상학, 그리고 윤리학의 관점에서 부정할 수 없는 인지적이고 선택적인 혐오의 과제를 다시 한 번 강조하고 싶다. 그 중요성에 대한 이러한 근본적인 정당성에 비추어 혐오를 초월하거나 극복하고자 하는 것은 겸손과 정숙에 맞지 않는 폭력적인 자연주의의 형태일 뿐만 아니라 혐오의 주체와 관련하여 현실을 경멸하고 최악의 의미에서 '이상주의인' 동등하게 폭력적인 마니교이기도 하다. 그토록 완벽하게 복음의 정신을 구현하는 시 「예수와 썩은 고깃덩이의 길」에 나타나 있는 것은 이런 종류의 구분을 흐리게 하는 기계적인 관점이 아니라 윤리적 완전성의 극치라고 하는 기독교적 개념이다. 혐오스러운 대상은 그 안에서 완전히 실재하는 것으로 보인다. 구세주 자신은 (그의 제자들처럼) 죽은 짐승들의 행렬이 보이는 광경에 혐오로 숨이 막힌다. 그러나 절대적인 한계를 모르는 사랑의 예언자, 그는 혐오보다 더 강력한 사랑이 강림하길 신에게 간청한다. 사랑은 혐오보다 **더 강하지만**, 단지 상상의 산물인 혐오를 대신하지도 않고 어떤 점에서는 도착적으로 그것과 함께 연관되어 있지도 않다. 이러한 사랑에 함께했던 그는 끓어오르는 시체 덩어리에 그의 두 손을 집어넣는다. 그리고 구세주요 인간 속에 있는 신의 정점인 그는 기적을 행한다. 시인은 혐오에 대한 사랑의 승리, 부패의 비종국성, 단지 상대적인 부패의 통치를 알리면서, 굳은 손으로 장미 향기의 기적을 선택한다. 그러나 죽은 짐승 자체의 향기가 갑자기 기분 좋게 경험되는 것은 아니다. 혐오감을 자아내는 특정한 구성물이 혐오가 거짓임을 보여주기 위해 매력적인 무언가로 변하는 것도 결코 아니다.

> 그러나 그는 그의 머리카락을 썩은 작은 고깃덩이로 채웠고
> 자신에게 벌레의 화관을 씌웠네
> ...

그리고 그 어둠의 날에 우뚝 서니

산이 열리고 사자들은 울었네

그의 무릎 앞에서…

우리가 이러한 성찰을 바쳐온 인간 현상을 어떤 종류의 상궤 일탈로 여기는 것은 잘못된 일일 것이다. 오히려 우리는 그 현상을 그 자체로 의미 있고 정당한 무언가로 보아야 한다. 그것은 통제되지 않은 방식으로 따랐을 때, 우리를 많은 삶의 가치로부터 차단하고 많은 고귀한 행위의 수행을 방해할 수 있으며, 따라서 반복적인 정밀 조사, 반복적인 연마와 조명의 대상이 되어야 하는 것이다.

참고문헌에 대한 언급

우리의 주제는 꼼꼼하게 참고문헌 목록을 작성하는 해로운 관행에 적합하지 않다. 문헌에서 우리의 주제에 대해 드문드문 발견될 수 있는 그나마 적은 목록은 그다지 유익하지도 않다. 분트(W. Wundt)는 혐오에 관해 오직 "쓴맛과 짠맛의 인상"이라고만 말할 수 있다(W. Wundt, *Physiologische Psychologie*, 5th ed., Leipzig, 1902, pp.54f). 이것은 마치 "산악의 장엄함"과 관련된 종교적 경험의 문제를 철저히 다루는 것과 같다. 퀼페(O. Külpe)는 너무나 간단히 더 세밀한 탐구의 수고를 아끼지 않는다. "이전에 취향 감각으로 분류되었던 혐오는 아마도 구토에 앞서는 근육 감각과 관련하여 모습을 드러내는 반감일 것이다"(*Grundzüge der Psychologie*, Leipzig, 1893, p.102). 혐오와 경악이 합쳐진 공포의 전율(dread)은 폴켈트(J. Volkelt)가 언급했다.

(*System der Ästhetik*, 2nd ed., Munich, 1925, p.160). 그러나 혐오의 중요한 동기
는 헤겔주의자 로젠크란츠(K. Rosenkranz, *Ästhetik des Häßlichen*, Königsberg,
1853, pp.312ff)가 지적했다. 그는 "이미 죽은 것의 해체 – '분비' – 유비에 의
해서만 혐오스러운 무생물계 – 대부분 낮게 만들어진 가장 높은 것 – 등을 언급
한다.

On Disgust

회피 감정의 기본 양식

두려움, 혐오, 그리고 증오

아우렐 콜나이

1 서론

내가 제공할 수 있는 것은 ① 대상에 대한 감정적 반응(또는 반응과 반작용)
의 기본 유형 사이의 비대칭성(단지 경험적으로 마주칠 뿐만 아니라 분석 가능하
고 설명 가능하기도 한 비대칭성) — 좋아함과 싫어함, 또는 찬성과 반대, 감탄하는/입
맛을 돋우는 그리고 회피하는 — 에 대한 매우 단순하고 평범한 논제, ② 차별적
분석의 기초가 되는 제한적이고 다소 자의적으로 선택한 세 가지 회피 감정
양식뿐이다. 나는 어떠한 그러한 근본적인 구분도, 즉 정확하게 이와 동일
한 논리적 기반 위에 있는 어떠한 구분도 훨씬 더 다양한 우호적인 반응의
범위에서는 시도될 수 없다고 주장할 것이다. 그리고 여기서 선택된 두려
움, 혐오, 증오 삼자 관계의 대표적인 성격을 확인하기 위해 조심스럽게 노
력할 것이다.

확실히 우리는 좋음과 싫음, 찬성과 반대, 기뻐함과 화남, 식욕과 질색,
매력과 회피, 사랑과 미움과 같이 명백히 대칭적인 대조에 익숙하다. 우리
가 찬성과 반대, 좋음과 싫음, 또는 수용과 거부와 같은 고도로 일반적인 근
본 개념들을 단단히 고수하는 한, 그러한 대칭의 출현은 거의 명백한 진리
에 가깝다. 그러나 우리의 관심이 특정한 형태의 찬성과 반대의 감정적 태
도로 향하게 되면 그 대칭은 허물어지는 경향이 있다. 증오는 사랑의 대칭
적 반대인가? 모든 언어에서 '사랑'이라는 낱말은 우호적인 반응의 전체 개
념 영역 — 자기만족의 사랑(*amor complacentiae*), 육욕적 사랑(*amor concupiscentiae*),
선의의 사랑(*amor benevolentiae*)의 전통적인 삼위일체 — 을 아우르는 방법을 가
지고 있다. 증오는 훨씬 더 좁은 범위 내에 한정된다. 증오의 적절한 대상은
오직 한 사람 또는 한 사람들의 집단이며, 어쨌든 엄밀히 그러한 태도나 말
을 표현하는 무언가이다. 다른 경우에, 증오(hatred)보다는 질색(loathing), 몹

시 싫음(detestation), 또는 반감(repugnance)이 그래도 마땅히 사랑이라고 부를 수 있는 것의 적합한 상대인 것처럼 보인다. 나는 공원에 있는 오리들을 사랑한다. 나는 겨울철 그 공원에 들끓는 갈매기는 '미워한다(hate)'고 말하기는 거부할 것이다. 다시 말하지만, 혐오는 살아 있는 존재나 그것들의 유해, 부산물, 흔적 또는 재현에 국한된 대상의 범위를 가지고 있다. 혐오에 대한 유사한 고전적인 상대가 우호적인 쪽에는 없다. 다시, 두려움의 반대는 무엇인가? 어쩌면 신뢰나 감사인가? 아니면 안전의 느낌이나 아늑함의 느낌 또는 평온함의 느낌? 격려를 끌어내는 것? 그러나 이러한 것들은 그것들 사이에서 매우 이질적이다. 오직 신뢰(또는 감사)만이 반드시 지향적 대상을 향하며, 단지 두려움의 부정보다 훨씬 더 구체적인 의미를 갖는다. 이 '반대항'의 묶음에 공통적인 것은 정확히 두려움의 부재일 뿐, 두려움처럼 명확하게 그리고 선명하게 돋아나 보이는 것은 없다.

2 감정적 반응의 개념

현재의 조사 연구는 (몇 가지 두드러진) '감정적 반응', 즉 내 생각에 마이농의 '감정적 현전(*emotionale Präsentation*)'과 밀접한 관련이 있는 것에 관심이 있다. 그것은 한편으로는 분명히 지향적 대상에 의해 지배되는 행위나 태도 또는 의식의 능동적인 상태, 다른 한편으로는 자아 안에서 각성되는 정념과 같은 무언가, 즉 신체의 공명판까지 미치는 영향을 표현하는 행위나 태도 또는 의식의 능동적인 상태를 의미한다. 다른 말로 하면, 획일적이거나 명백하거나 인과적으로 필연적인 방식은 아니지만 본질적으로 상태(*Zuständlichkeit*)에 연결된 지향이다. 이러한 밀접한 연관성은 '감정적 반응'

과 아마도 더 심오하게는 '감정적 현전'이라는 두 표현에서 강조되어 있다. 나는 그 연결이 명백히 내용과 관련된 의미(대상의 현전 양식에 내장된 상이한 대상들에 대한 몸서리치는 또는 공격적인 등의 반응)에서뿐만 아니라 구조적인 의미(두려움과 혐오 등에서 다양한 방식으로 지향을 굳게 유지하는 상태)에서도 다중 형태라는 것을 보여주려고 노력할 것이다. 여기서 우리의 관심 범위는 한쪽 면에서는 순전히 판단과 같은 이해와 찬반 표시에 아랑곳하지 않는 지적인 이해와 뚜렷이 구별되며, 다른 한편으로는 어떤 방식으로든 그리고 가능한 대로 인과적으로 유발되는 그러나 비의무적으로 아마도 상당히 모호하게 지향적 자각(즉, 대상의 현전)과 관련 있는 기쁨, 우울, 또는 흥분과 같은 순수한 상태-유형들과도 뚜렷이 구별된다. 다른 말로 하자면, 우리의 관심은 지향적으로 현전하는 대상들 사이의 긴밀하고 이를테면 분해할 수 없는 접합 지점과 어떻게든 신체의 상태와 관련이 있는 가능한 영혼의 상관 운동에 고정되어 있다. 누구든지 이런 종류의 철학적 관심의 구성을 정당화하는 것이 무엇인지 묻는다면, 이의를 제기할 수 있게 허락해 주길 요청한다. 나는 매우 풀기 어려운 문제인 적절한 감정적 태도와 부적절한 감정적 태도의 문제 – 그것은 단지 풀기 어려울 뿐만 아니라 기만적이기도 하다. 또는 나는 의미 있고 핵심적이라고 느끼는 문제이다 – 를 포함하여, 그러한 종류의 탐구가 관행의 신비 아니면 관행의 논리를 밝히는 데 기여할 수도 있다는 것을 단지 짧게 그리고 분명하지는 않더라도 힌트를 줄 것이다.

3 일부 자기-반대

나는 나의 모델(두려움, 혐오, 증오)보다 훨씬 더 적절한 모델이 존재할 수 있다는 것을 기꺼이 인정한다. 조심스럽게 주장하고 싶은 것은 이렇게 정리된 회피 감정에 대한 선별적인 분석이 없는 것보다는 틀림없이 더 가치가 있을 수 있다는 것뿐이다. 어쨌든, 내가 왜 경멸, 분개, 공포, 경외, 전율(Grauen, 망연자실하게 만드는 엄습하는 공포), 소름(Grausen, 두려움이 깊게 배어 있고 혐오가 지배적인 공포), 오싹함(Gruseln, 완화된 두려움으로 안이하게 떨림),[1] 짜증, 지루함, 불안, 괴로움을 두려움으로부터 구별된 것으로서 그리고 서로서로 다른 것으로서 제외했는지, 그리고 질색함과 몹시 싫어함은 차지하고 무엇보다 당연히 왜 분노를 제외했는지 질문을 받는 것은 지나친 일이 아닐 것이다. 아마도 다른 기회에 일부 이런 주제들을 다룰 수 있을 것이며, 아니면 그 주제들이 더 역량 있는 분석을 고무할 수 있기를 바라는 것이 더 나을 것이다. 그러나 적어도 현재의 목적을 위해 이러한 양식들 중 일부는 너무나 단편적이고 동시에 일방적으로 감정적이거나(분노는 말하자면 너무 생생하며, 증오와 구별되는 지속적인 형태를 가질 수 없다), 또는 반대로 충분히 감정적이지 않고 단순한 평가절하와 반감(경멸과 몹시 싫어함)에 너무 가깝거나, 또는 이해하기에 너무 부정확하거나, 또는 너무 좁게 구체적이거나 너무 명백하게 인공적이다. (분노에 대해 말하자면, 분노는 아마도 완전히 적의는 결여한 열정적이고, 정력적이고, 조용하고, 적극적인 공격성을 내포하지 않는가?) 그렇긴 한데, 혐오는 다소 제한된 범위의 근거 위에서 공격받을 수 있다. 사소한 언어의 오용에 빠지지 않고 어느 정도 일리가 있는 방식으로 그 개념을 서서히 확장해야 한다. 다시 말하지만, 증오(hatred)는 너무나 방대하고 복잡한 현상으로 보일 수 있으며, 증오의 현재적인(단편적인, 상태와 같은) 측면을 찾

---

1 도망자가 실제로는 그를 수색하고 있지 않은 군인들이 그가 앉아 있는 카페로 들어올 때 느끼는 두려움 또는 이웃들로부터 천연두에 걸릴 것이라는 상상의 두려움.

고자 한다면 분노로 침륜된다. 하지만 증오의 고전적인 위엄의 호소력에도 저항해서는 안 되며 그 명백한 핵심에 있어 도덕주의자로서 나의 확신에도 저항해서는 안 된다고 느낀다. 고통(anguish)이 강렬한 두려움 이상을 의미한다면, 고통은 주로 의학의 문제가 아닌가? 불안에 대해 문제라고 느끼는 점은 '자유부동성불안(自由浮動性不安)'의 존재에 대한 의심이며, 그 개념이 지적인 게으름과 밀교 해설의 비이성주의의 산물이 아닌가 하는 의구심이다. 나는 이러저러한 것들에 대한 두려움에 압도되어 특별히 그 밖에 다른 것을 두려워하지 않을 시간도 흥미도 갖지 못한다. 물론 우리를 위협하는 듯 보이고 익숙하지 않으며 어렴풋하게만 알고 있는 것들에 대한 모호한 두려움도 있다. (또한 염려하는 성질과 같이 쉽게 실현되는 불안한 성향도 있다.)

질투, 원한, 그리고 경쟁과 같은 일부 다른 적대적 태도는 지나가는 말로만 언급될 수도 있겠다. 그 태도들은 행위 주체가 잃어버린 것으로, 잃어버릴 위기에 있는 것으로, 행위 주체가 잃어버린 것과 동일시하는 거의 잃어버리거나 거의 손실된 것으로 경험하는, 특정 선(즉, 우호적 태도의 대상들)의 기질상의 눈에 띄는 주제의 상태에 의해 구별된다.

그리고 기본적이고 아마도 가장 중요한 것이 지금까지 완전히 알려지지 않은 채로 남아 있다. 우리가 염두에 두고 있는 지향적 대상은 어떤 존재론적 유형인가? 그 지향적 대상들은 어느 정도까지 구체적인 실체, '개별적 존재'인가? 어느 정도까지 특징인가? 어느 정도까지 사건인가? 이것은 우리의 현재 범위를 완전히 넘어서는 더 큰 질문의 일부이다. 우리는 어떠한 사물을 욕망하는가 아니면 (단지) 그 사물의 기능적 사용이나 향유를 욕망하는가? 이해(appreciation)는 욕망(desire)과 다른 문법을 가지고 있다. 반대로 원함(wanting)은 욕망(desiring)보다 더 한정적으로 상황 지향적인 것처럼 보인다. 순전히 특성 지향적이고 분석적인 사랑의 구성 요소들은 어떻게 사랑의 개성 지향적인 측면, 사랑의 역사적이고 독특함을 강조하는 측면과 관련되는가? 어쨌든 특성, 표현된 특질과의 관련성은 혐오에, 개별적 실체와의 관련성은 증오에, 그리고 무엇보다 사건들의 상황 및 인과적 기제와의 관련성은 두려움에 가장 두드러지게 현전하는 것으로 보인다. 이제 이 세 가지 회피 감정 양식의 각각의 구조를 스케치해 보겠다.

4 두려움과 도피

두려움에 쌓인 행위 주체는 그의 생존, 안전, 안녕 또는 그의 중요한 관심사 – (기회나 잠재성을 포함하여) 자신의 소유물, 신체, 또는 상태 – 의 온전성을 위협한다고 느끼는 대상으로부터 도피한다. '도피(fuga)', 가장 단순하고 가장 기본적인 형태인 '달아남'은 위협하는 대상의 작동 반경에서 멀리 떨어진 곳으로 벗어나려는 행위 – 움직임, 즉 완전히 그리고 결정적으로 스스로를 차단하는 것, 그 대상의 힘이 미치지 않는 곳으로 스스로 움직이는 것을 의미한다. 이 서술은 다양한 자격 요건을 필요로 하지만, 내가 생각하기에 그것은 실질적으로 옳은 서술이다. 그것은 어쨌든 그 경우의 중심 의미를 나타낸다. 비록 당분간 신체적 움직임의 의미나 구체적인 자기 보호의 기획을 구상하는 의미에서 실제로 아무 일도 일어나지 않더라도, 그것은 보통 말하는 있는 그대로의 두려움의 상태에 적용된다. 두려움의 구조는 다른 한 사람이나 다른 몇몇 사람에 관한 행위 주체의 관심에 의해 또는 심지어 자신 이외의 사람이나 동물에 집중됨에 의해 바뀌지 않는다. 도피는 문자 그대로 달아남, 먼 곳으로 이동함, 또는 잠적함을 의미할 필요는 없다. 중요한 것은 두려움의 대상의 공간적 근접성이 아니라 행위 주체가 실제로 또는 가상으로 그 대상의 영향에 노출되는 것이다. 두려움으로 행동하게 되는 사람은 (예를 들어, 면역 조치를 취하거나 적의 잠재적인 무기를 파괴함으로써) 추적자의 타격을 억제하고, 보호 장벽을 설치하고, 위협하는 행위자나 세력들의 결합을 예방적으로 파멸시키고, 그 파괴력을 무력화시키는 것을 목표로 할 수 있다. 따라서 도피는 한 존재를 떠나기보다는 임박한 위험을 피하는 형태를 취할 수 있다. 두려움은 그 용어의 문자 그대로의 의미에서 '반감(antipathy)' 보다 현저하게 회피하기를 의미한다. 두려움의 요점은 행위 주체가 자신을 (또는 운명적으로 관련된 그가 중시하는 사람들이나 소유물들을) 희생자 또는 피해자로 바라보게 하는 시스템 안에서 인과적 연쇄에 걸려들지 않도록 스스로 구해내거나 방어하려는 노력에 있다. (내가 염려하는 것의 운명은 내 운명의 일부이다.)

두려움은 분명히 가장 선명하게 조건 지향적이다. 두려움에 떨거나 무서워하는 사람은 혐오, 분노, 또는 증오를 느끼는 사람보다 훨씬 더 자신의 안전과 위험을 마음에 두고 있다. 종종 그리고 전형적으로 그는 직접적으로 또는 적어도 암묵적으로 그의 삶을 염려한다. 그러나 나는 이 문제로 곧 되돌아갈 것인데, 어떤 의미에서 두려움의 상태-강조는 아마도 증오는 아닐지라도 혐오와 분노의 상태에 미치지는 못한다. 먼저 두려움에 내재된 지향성에 대해 언급하고자 한다.

대상이 없거나 '자유부동하는' 불안이라는 문제적인 현상과 달리 두려움은 의심의 여지 없이 그 대상을 예리하게 의식한다. 두려움이 상상일 수 있거나 잘 정의된 오류에 근거할 수 있다는 것은 이 의식을 전혀 손상시키지 않는다. 실재 대상은 지향적 대상과 일치할 필요가 없다. 그것은 단순히 존재하지 않을 수 있다(예를 들어, 밤에 귀신이 나오는 성에서 귀신에 대한 두려움은, 필시 성내에 귀신이 없음에도 불구하고 그리고 귀신을 믿는 겁 많은 사람이 귀신이 어떤 존재인지에 대해 그리고 그가 귀신들의 손에 입을 수 있는 해악에 대해 매우 모호한 관념만을 가질 수 있음에도 불구하고, 결코 대상 없는 두려움이 아니다). 그러나 두려움의 지향성은 엄밀한 의미의 두려움이 본질적으로 그 두려움의 대상에는 관심이 없다는 사실에 의해 적절하게 억제된다. 예를 들어, 호랑이, 여자, 천연두에 대한 두려움처럼 언제나 그런 것은 아니지만, 그런 경우는 종종 있다. (나는 비행기 여행을 두려워하는데, 비행기 여행을 특별히 싫어하지는 않으며 하물며 바라지도 않는다. 그리고 비행기 여행에 대해 거의 아무것도 모른다.) 무섭거나 끔찍하거나 위험한 그런 대상에 대해 우리의 흥미를 끄는 것은 단지 그 대상이 구체화하는 위협일 뿐이며, 따라서 그 대상의 특징과 성질의 조망이 아니라 그 대상의 본질이나 가치와 반(反)가치를 말하는 것은 적절하지 않다. '유사성 자체를 위해서' 유사성에 관심을 두지 않고 볼 때, 두려움과 특정 목적에 몰두하려고 의도하는 대상에 대한 우리의 바람과 같은 도구적인 친화적 태도 사이에 어느 정도 유사성이 있다. 따라서 두려움은 순수하게 상황적이고, 단일 차원적이며, 말하자면 해골과 같은 '비어 있는' 지향성을 수반한다고 말할 수 있다. 두려움이 두려움의 대상에 대한 예리한 학습, 어쩌면 세밀한 묘사적 지식을 자극하거나, 사실상 강요하거나 강제한다는 것은 의심의 여지가 없다. 그러나 두려움은 (어떤 점에서든) 우리 자신의 안전에 대한 위협을 회피한다는 지배적인 테마에 전적으로 종속되어 있다.

따라서 두려운 대상의 무서움, 끔찍함, 또는 (그리고 내가 의미하는 것은 이 단어에서 가장 잘 드러나는데) 위험성의 '성질'은 상대주의적 접근에 신빙성을 더해주는 모호한 상태를 가지고 있다. 고양이, 심지어 튼튼한 아기 고양이도 쥐나 작은 새에게는 '끔찍하게' 보이지만, 나에게는 사랑스럽고, 매력적이고, 사랑스러울 뿐이다. (그러나 나는 그 고양이의 무자비하고 경박한 잔인성, 즉 진정한 객관적 속성 때문에 불쾌할 수도 있다.) 동물원 철창에 갇힌 맹수들은 무서워 보일지 모르지만, 그 맹수들이 가까이에 있다는 사실과 그 맹수들의 추정되거나 심지어 드러난 흉포한 충동에도 불구하고 구경꾼들에게 실제적인 두려움을 불러일으키지는 못한다. 무서움의 특성은 그 맹수들이 사실상 일반 사람들에게 다가가서 해치거나 뒤쫓을 수 없는 상황에 의해 무효화되거나 소멸된다. 방문객들이 거의 변함없고 완전하게 두려움을 느끼지 않는다는 것은 그러한 회피 양식이 독특하게 이성적인 통제에 종속됨을 드러낸다. 이것은 혐오, 질색, 그리고 '본질적인' 반감(그리고 증오까지도)과 대조되며, '취향'에 의존하는 감정적 태도들과도 대조된다. 두려움은 설득력 있는 주장과 인지적인 발견에 의해 그 대상으로부터 해방되기가 매우 쉽다. (그러나 나는 이러한 논제가 많은 사람에게 일어나는 어떤 특별하고 강박적인 두려움과 어느 정도 모순된다는 것을 인정한다. 쥐? 귀신? 나는 둘러보는 것(browse)이 두렵다.)[2]

자주 관찰할 수 있는 두려움의 격렬한 신체적 공명(전율, 떨림, 창백함, 두근거림)에도 불구하고, 두려움이 어떤 식으로든 상태의 측면에서 신체를 결여하고 있다고 제안하고자 한다. 상존재, 즉 평온한 안위와 안전과 같은 완화된 귀결에 미치는 생존 영향력에 대한 집중 때문에, 두려움은 그 사람의 자기 경험을 '현존하는 자아'로서 추상적이고 빈약한 '영향 받음' 및 위태롭게 됨의 경험으로 제한하기 쉽다. 하이데거(인간은 단지 현존재, 불안, 염려이다), 프랭클린 루스벨트(공포로부터 자유로운 유토피아), 그리고 세 사람 중에서 단연코 가장 분별 있는 홉스(인간의 가장 시급한 일: 절멸을 방지할 확실한 안전장치를 만들기)의 환원주의적이고 형이상학적인 장식물이 지나가는 말로 언급될

---

2 콜나이가 "나는 둘러보는 것이 두렵다"고 한 것은 '나는 여러 공포증의 특이성들 사이에서 헤매야 하는 것이 두렵다'를 의미하는 것으로 보인다 ― 엮은이.

수 있겠다. 두려움-지향성의 본질적인 빈곤은 두려움 조건의 제한된 선형성에 반영된다. 내가 나의 자질과 전형적인 특징을 세상의 것들에 새겨 넣는 것은 다름 아닌 혐오 받는 자아이며, 나 자신과 같은 달갑지 않지만 취약한 세계에 나의 인격의 인장을 찍는 이는 바로 증오하는 자아이다. 그리고 비록 내가 나 자신을 훨씬 적게 주장하더라도 나는 사랑하면서 훨씬 더 많이 표명한다.

5 혐오와 추방(또는 적출, 또는 특유의 회피 감정)

두려움과 반대로 혐오는 느낄 수 있고 지각 가능한 사물의 본질인 상존재에 인과적 효율성과 영향과는 구별되게 절묘하게 영향을 미친다. 지금까지 혐오의 지향은 대상의 불안한 현전이나 근접성을 단지 알리거나 예고하기보다는 대상에 고착되고 침투한다. 그것은 그 대상에 대한 본질적인 관심으로부터 분리할 수 없다. 공간적이거나 좌우간 이미지화되고 표상적인 근접성은 두려움에서는 주제가 되지 못했지만, 혐오에서는 주제가 된다. 혐오에서는 우리도 일종의 '도피'를 실행한다. 그러나 그것은 대상의 행위 반경에서 도피하는 것이 아니라 지각의 근접성과 가능한 접촉으로부터의 도피이며, 무엇보다 있을 수 있는 대상과의 친밀한 접촉과 연합으로부터의 도피이다. 증오와는 대조적으로, 도피하고 외면하는 움직임으로서 혐오는 여전히 두려움의 수동성과 닮아 있지만, '그 자체를 위한' 대상에 대한 본질적인 거부와 분석적인(적대적인) 관심이라는 측면에서 보면 두려움과 반대로 증오와 닮았다. 다시 말하지만, 지각에 대한 강조 때문에 혐오는 두려움과 증오 모두와 대조된다. 비교하여 말하자면, 혐오는 두려움과 증오의 실존적 기조가 결여되어 있다. 혐오에 사로잡힌 사람은 '필사적으로 도망치지' 않으며, 어떤 직접적이고 단호한 의미에서 그의 기피 대상을 파괴하려고 (손상시키고, 약화시키고, 수치를 주고, 격하시키려고 등) 하지 않는다. 그는 단지 그의 시야로부터 제거하고 접촉을 회피하려고 애쓸 뿐이다. 이것은 물론 실제로는 기술적으로 말할 필요도 없이 그 대상을 파괴하려는 의지로 귀결될 수도 있지만, 두려움은 그렇게 될 수 있다. 그리고 이차적인 의미에서 우리는 또한 우리를 혐오하게하는 것을 두려워하며, 실제로 그것으로부터 도망칠 수 있다. 그러나 마찬가지로 두려움과 증오 사이에 어떤 상호 연관성이 있다. (나는 나 자신을 겨냥한 반응을 두려워하며, 내가 싫어하는 것이 다른 이들에게 미치는 영향을 두려워한다, 등). 비실존적이고 지각적인 강조와 함께, 혐오는 매우 미적인 감정이다. 의심할 여지 없이 한 대상이 혐오스럽지 않으면서도 매우 추할 수 있고, 단지 적당히 그리고 어쩌면 모호하게만 추하면서도 혐오스러울 수 있지만 말이다(예를 들어, 일부 혐오스러운 곤충들 또는 옷을 차려 입은 매춘부). 그리고 '혐오스러운'은 한편으로 '무서운' 또는 '끔찍한'보다 다른 한편으로 '싫은' 또는 '가증스러운(haïssable, hassenswert)'보다 더 적절하고 더 서술적으로 대상을 특징짓는 단어이다. 혐오스러운 것은 적절한 반응으로서 혐오감을 절묘하게 유발하는 것인 반면, 어떤 대상은 그것이 우리에게 자극하는 실제 또는 가상의(예상된) 두려움 때문에 '무섭거나' '가공할 만하다'(끔찍하다). 그리고 우리가 싫어하는 것이 전제하는 기본적인 부정적 가치에도 불구하고 우리의 증오는 지향적 대상의 끔찍함을 구성하기 시작한다. 그러면 '혐오스러운 것'은 '무서운 것'이나 '끔찍한 것'보다 훨씬 더 **독립적인** 현상학적 기술의 여지가 있다.

그래도 우발적 근접성의 요인을 제외하더라도 혐오는 대상의 상황적 표출로부터 완전히 독립적이지 않다. 따라서 한 남자는 남자의 몸을 혐오스럽다고 느끼지 않을 것이지만, 그는 그에게 육욕적으로 다가오는 남자의 몸은 혐오스럽게 경험할 수 있다. 여성의 몸에 대해서는 아무리 적절치 못하게 끼어들더라도 그렇게 경험하지는 않을 것이다. 혐오 대상과의 초기 또는 가능한 밀접 접촉(결합, 교섭, 흡수나 동화의 관계)과 혐오의 관계는 혐오의 세 가지 명백하고 친숙한 측면의 기초가 된다.

(1) 애증(양면성), 즉 어떻게 해서든 혐오-지향에 현전하며 매력, 유혹, 자극(이를테면 매료, 마력, 매혹)의 대상에서 표현되는 빈정거림, 조롱의 기미, 수용과 즐거움을 요구할 수도 있는 것의 역겨움. 합성어인 '혐오(disgust, dégoût)'는 자체적으로 의미화하는 원래의 단일한 용어들인 *Ekel*과 *asco*보다 덜 강제적이고 구체적인 느낌을 가지고 있지만, 그것은 부정된 '맛(gusto)'의 반향을 수반하는 만큼 여전히 더 표현적이다. ['역겨워(I am disgusted)', '밥맛없어(*être dégoûté de quelque chose*)'. 이런 표현들은 엄밀한 의미의 혐오를 대신하여 불쾌감을 나타낸다. 그 표현들은 짜증을 메스꺼움으로 대체한다. 스페인어에서 *disgusto*는 결코 혐오를 의미하지 않고 불쾌감, 짜증, 또는 역행을 의미한다.]

(2) 미각과 후각 영역은 혐오의 주요 서식지로 보인다. '우리의 콧구멍에서 진동하는' 끔찍한 악취는 우리를 침범하며 우리의 육체적 관계 안으로 침입해 들어온다. (우리의 입장에서 냄새 맡기는 탁월한 탐색이다.) 메스꺼움과 구토에서 우리는 좀 더 육중한 느낌으로 어쩌면 처음에는 동의하여 우리 몸에 가득하게 된 것을 **배출한다**. 그러나 혐오를 구토나 욕지기 또는 그러한 경향성으로 경직되게 해석하는 것은 잘못된 단순화라는 비판을 받을 수 있다. 많은 종류의 구토는 어떤 혐오-지향이 아니라 메스꺼운 느낌과 관련되어 있거나 메스꺼움보다는 현기증과 관련되어 있다. 구토는 소화와는 전혀 상관없는 신체적 원인에 기인할 수도 있다. 게다가 먹을 수 없는 것(이를테면 나무나 톱밥)을 씹고 삼키려는 시도는 엄밀한 의미에서 혐오감은 없는 구

토를 유발할 가능성이 있다. 그리고 우리가 지독하게 싫어하는 어떤 종류의 음식이나 음료는 우리에게 혐오감을 줄 수도 있지만, 다른 음식이나 음료는 그렇지 않을 수도 있다.[3] 다시 말해서, 맛과 냄새의 영역과 별 상관없는 시각적 혐오는 극도로 강력할 수 있다. 따라서 아마도 우리의 혐오는 우글거리고 꿈틀대는 벌레들이 우리 몸 위를 기어갈 가능성을, 더 심하게는 우리 입으로 들어올 가능성을 의식하는 것이 아닐까? 분명히, 움직이는 존재의 양상은 물질적으로 이런 종류의 대상들의 혐오스러움에 기여한다.[4] 〔질문: 청각적 혐오가 존재하는가? 청각의 감각 대상인 소리는 귀에 있다고 말한다. 반면에 소리는 존재론적 대상, 즉 소리를 발산하거나 생산하는(듣기는 감지의 '인과적' 양식이다) "사물"을 드러내 보이기(exhibit)보다는 그저 '신호할(signal)' 뿐이다. 아마도 '우둔한' 낄낄거림과 어떤 형태의 음악(재즈, 일부 베트남 왈츠)은 혐오스럽게 들린다. 그러나 우리는 여기서 원초적이고, 물리적인 혐오의 영역을 떠나서 도덕적 혐오의 영역에 접근하고 있다.〕

(3) 부패, 배설물 그리고 분비물, 유기물의 분해와 해체는 전형적인 혐오 성향의 영역을 형성한다. 지금은 더 자세히 논의할 여지가 없지만, 가까운 관계는 위험의 아픔 및 두려움의 가능성과 함께 존속되지만, 섬뜩한 매력의 특성, 끈끈한 접촉의 관념, 이른바 '해충'의 경험, 그리고 이른바 '더러움'의 현상, 부분적으로 적어도 무기질의 형태 없는 물질이 혐오의 대상으로서 적합하지 않게 신체에 들러붙는 제한된 사례와도 함께 존속된다. 이제 여기서

---

3 예를 들어, 나는 셰리 와인을 매우 싫어하며, 비트의 뿌리는 더 끔찍하게 싫어한다. 그러나 내가 먹으려고 시도조차 할 수 없었던 비트 뿌리도 내 안에 혐오감을 불러일으키지는 못한다.

4 저자의 본문 주석: "촉각적 혐오: 끈적끈적한 부드러움 등. 그러나 그것의 혐오를 유발하는 힘은 완전히 실패할 수도 있다".

혐오가 가리키는 것은 확실히 그러한 생명 없음이나 심지어 죽어감 및 죽음이 아니다. 해골, 미라, 빈사 상태의 사람은 아마도 침울하게 만들겠지만 혐오스럽지는 않다. 반면에 상처는 혐오스러울 수 있으며, 피부 발진은 훨씬 더 혐오스러울 것이다. 생명의 손상과 폐기물은 확실히 후보가 될 테마이다. 그러나 추가되어야 할 것은 또한 그것의 과도하고 제멋대로이고 빽빽하고 바글거리며 우글거리고 무의미한 현현(顯顯)이다. 막 시작된 부패는 물질의 향기를 (잠시 동안) 더욱 두드러지게 하기 쉽다. 우리는 실제로 '맛이 최고치에 달한' 사슴 고기의 고급스러운 풍미에 대해 말하고 있다. (cf. 매력을 발휘하도록 의도된 향수를 뿌린 사람의 냄새는 종종 역겹게 느껴진다. 배설물이 어떤 향수를 제조하는 데 사용된다고 전해지기도 한다.) 다시 말하자면, 과잉 현상과 '질림'의 특질은 이러한 맥락에서 존재한다. 이와 같이 두드러지고 지나치며 과도한 생명의 현현은 혐오를 유발하는 경향이 있다고 주장될 수 있다. 그리고 마찬가지로 매너의 상스러움과 무분별하게 개인적인 모든 행동을 포함하여, 합리적 제약과 비인격화하는 억압의 부재, '부적절한' 생명력과 성격을 유발하는 경향이 있다고 주장될 수 있다.

이제 우리는 도덕적 혐오의 핵심 개념에 도달했는데, 이 개념은 사악한 행동에 대한 분개는 말할 것도 없고, 일반적으로 도덕적 비난과 혼동되어서는 안 되며, 특히 성적 부도덕에 대해 비난하는 반응이나 심지어 도덕적 경멸과도 혼동되어서는 안 된다. 비열함과 비겁함은 특별히 경멸할 만하다. 상스러운 거짓말, 냉소적인 위선 그리고 교활한 행위는 혐오스럽다기보다는 불쾌감을 자아내는 것이다. 일부 극명하고 심각하게 비난할 만한 욕망의 행위는 전형적으로 혐오스러운 것이 아닐 수 있다. 그렇다면 도덕적 맥락에서 두드러지게 혐오스러운 것은 무엇인가? 나는 잠정적으로 대답하고자 한다. 그것은 (적어도 볼셰비즘 이전의) 러시아인들의 너글너글한 기질(*shirókaya natura*, 잘못된 것을 군이 문제 삼지 않는, 잘 봐주는 관대한 기질 – 옮긴이), 일관성 없음과 무책임성, 프랑스인들의 무분별(*inconscience*), 지나친 즉흥성, 지나친 개별성, 유연성, 감상주의, 무엇보다 독일인들이 엉터리(*Verlogenheit*)라고 부르는 것, 즉 거짓말, 가장하기, 자기기만에 유기적으로 결합된 성격, 그러한 것에 널리 푹 빠진 정신적 삶이다. 청교도적인 성격 유형처럼 좋아하기 어려운, 그러한 성격은 도덕적으로 혐오스러운 것과 극명한 대조를 이룬다. 나는 (여러 나라에서) 라블레풍(Rabelaisian)의 또는 프루스트풍(Proustian)의 외설스러움이 전혀 없이, 보다 상스럽고, 기술적이며, 저속한 의미에서 훨씬 덜하며, 니체(Nietzsche)의 거대한 비도덕주의나 쇼(Shaw)의 체계적인 비도덕주의와 완전히 동떨어진, 내게는 왠지 불결하고 기묘하게 혐오스러워 보이는 몇몇 작가들을 만났다. 로렌스 스턴(Lawrence Sterne)이 좋은 예가 되지 않을까? 그러나 그때 나는 그를 읽을 수 없었다. 아마도 장 지로두(Jean Giradoux)나 몇몇 여성 소설가(그러나 이들 중 소수만). 20세기 초 독일의 뛰어난 – 결코 가장 위대하지는 않은 – 서정 시인 중 가장 잘 알려진 두 명 가운데, 스테판 게오르게(Stefan George)는 정말 밉살스럽지만, 전혀 혐오스럽지는 않은 반면, 밉살스러운 면은 전혀 없는 릴케(R. M. Rilke)는 약간 혐오스럽다.

바로 혐오 속에서 지향과 조건은 가장 완벽하고 상호 침투적이며 평온한 조화를 이룬다. 우리는 지향적으로 – 마지못해 그러나 어쨌든 반응적으로 – 몰두해 있는 대상에 친밀하게 적응된 메스꺼움 가운데 동요한다. 이것은 두려움을 특징짓는 대상과 자아 사이의 선형적이고 말하자면 우연적인 연결고리와 대조된다. 그것은 또한 매우 다른 방식이지만 두려움처럼 매우 실존적인 증오와도 대조되며, 비록 그것이 실제로 외향적 행위를 유발하는 데 실패할지라도 본질에 있어서 표본추출과 단순한 '배출'과는 반대로 그것의 대상에 대한 무자비한 행위로 긴장되게 지향된다.

6 증오와 파괴(또는 적의, 또는 대립)

원형적으로, 증오의 특유한 '행동'은 그 대상의 파괴에 지향되어 있다. 아니면 적어도 파괴에 이르지는 않지만 그 대상과 동조하여 대상의 영혼과 조화를 이루는 또는 하나의 본질적 측면에서 파괴를 상징하는 (수치, 모욕, 추방 등) 효과를 지향한다. 그러나 모든 증오가 파괴적 지향에 의해 고무되고 지배된다면, 그 역은 성립하지 않는다. 두려움(즉, 자기 보호를 위한 충동), 획득 (쾌락, 소유 또는 창조를 위한 충동), 또는 더 일반적으로 이익이나 개선을 위한 노력, 이러한 것들은 최소한의 증오의 개입이 없이도 파괴적 의도의 기초가 될 수 있다. 증오가 목표로 하는 것은 오직 '자신을 위한' 파괴일 뿐이다. 다른 말로 하면, 증오는 반감, 비난, 배척 또는 질색을 전제한다. 또한 바로 위에서 암시했듯이, 파괴적 의도는 ─ 최종 명명된 기본적인 내재적 거부와 비난이 충족되더라도 ─ 강하게 제한되고 억제된 것일 수 있다. 우리는 어떤 인간적인 (또는 영적인) 실체를 싫어한다. 우리는 그 실체의 완전한 절멸을 목표로 하지 않고 또는 심지어 그 실체를 절멸시키기를 유효하게 바라지도 않고, 한 사람, 한 무리의 사람들, 심지어 한 캠프나 대의명분을 싫어한다. 연장되고 한계적인 증오의 감각에서 우리는 그렇게 미워하는 것이 아니라 어쩌면 분명히 사랑하는 한 대상 안에서 혐오스러운 특징[5]으로 여기는 것을 미워할 수 있으며, 그 대상에 유착되어 있는 이런저런 부정적 가치를 '파괴하거나'

---

5   무슨 특징을 말하는가? 예를 들면 누군가의 얼굴에 커다란 코인가?

'교정함'으로써 정화하고, 향상시키고, 완전하게 하고, 정말로 이득을 얻으려고 의도할 수도 있다. 우리가 문제의 대상을 미워하지 않고 아마도 그것에 대한 우리의 사랑에 비례하는 정도로 그것에 대해 분노하는 것은 그러한 사례에서도 그렇게 말할 수 있다. 이것이 실제로 얼마나 가능한가는 문제적 사안이다.[6] '죄는 미워하고 죄인은 사랑하라'는 듣기 좋은 아우구스티누스 (Augustinus)의 격언은 '죄'(도덕적 반가치, 사악함)와 질병 또는 고통 사이의 완전히 잘못된 유사성을 암시하는 만큼 심각하게 오도하고 있다. 후자의 맥락에서, 물론 우리가 한 사람을 더 사랑할수록, 우리는 그를 약화시키고, 무력하게 만들고, 고문하고, 망가뜨리는 것을, 그리고 어떤 식으로도 그를 표현하지 않거나 그와 동일시할 수 없는 것을 더욱 미워한다(간절히 싸우거나 제거하려고 한다). 그러나 죄는 죄인이 행한 것, 즉 그의 의지로부터 비롯되고 그가 책임지고 있는 그의 행위성의 소행이다. 내가 만약 죄는 미워하지만 죄인은 사랑한다고 말한다면 나는 내가 쓰는 말을 이해하지 못하거나 적어도 두 가지 중 하나는 별 의미 없이 말하고 있는 것이다. 어떤 경우에는, (예를 들어 실제 사악함과 구별되는 도덕적 약함이나 부주의에 대한 반응으로) 분노는 있어도 증오는 없다고 주장될 수 있다. 다른 경우에 가장 좋은 표현은 증오는 억제되고 제한될 수 있으며, 증오는 의무로 정해진 정의의 도덕법과 자선의 권고법에 예속되어야 한다는 것일 것이다. 어떤 경우에도, 증오(와 분노)는 형용사적, 즉 특성 지시적일 수 없다. 싫음은 그럴 수 있지만 말이다. 증오 (와 분노)는 본질적으로 명사적, 실체 지시적, 즉 (속성들에 의해 어떻게라도 매개되는 방식으로) 한 사람이나 사람들을 지시하며, (아무리 제약을 받고 단서 조건 및 균형추가 부과될지라도) 적대감을 수반한다. 애증(Hassliebe)은 아무리 분

---

6   저자의 본문 주석: "경망스러운 고양이에 대한 분노, 일부 부주의한 운전자를 향한 증오".

석하기 어렵더라도 내게는 분명히 가능한 것으로 보인다.

말하자면 이러한 증오의 역사적 특징 — '적대적 조우'의 상황으로부터 시작되거나 그러한 상황을 중심으로 형성되는 — 은 두 번째 익숙한 퍼즐을 가져온다. 증오가 단순히 반감, 불승인 또는 비난의 경화(硬化) 또는 대상을 압도하는 반감, 불승인 또는 비난의 확장이 아니라면, (특정 대중 철학의 경우처럼) 현실적으로 역사적이거나 상황적인 요인이 주된 역할을 하는 것이 가능할까? 그렇다면 증오는 두려움(위협 당하는 경험)이나 아마도 (해를 당하는 것에 대한 반응으로) 복수와 단순한 함수 관계에 있거나, 더 신중하고 상시적으로 말해서 누군가의 수작으로 좌절되는 경험의 결과물일 수 있을 것이다. 그리고 행위 주체는 일단 어떤 대상을 증오하게 되면 부차적으로 그 대상의 역겨움 및 사악함, 결점 및 단점을 '발견하고' — 부분적으로 발명하는 — 경향이 있다. 이러한 관점의 근저에 있는 견해는 모든 증오가 증오하는 자의 '오류' 또는 '미발달' 상태에서 비롯된다는 '숭고'(sublime) 이론의 견해이며, 그의 관념의 '불명확함'은(스피노자) 인간의 모든 종류의 태도를 야수 같은 본능(쾌락 추구와 자기주장)의 관점에서 해석하는 조잡한 자연주의와 (숭고 이론도 그러할 것 같은데) 밀접하게 연관되어 있다. 그러나 사실 증오는 결코 개인적인 위협이나 심지어 개인적인 모욕에 대한 단순한 반응이 아니며, 다른 한편으로 결코 단순한 도덕적 비난이나 반감도 아니다. 증오의 이중적인 측면은 일원론적인 해석으로 환원될 수 없다. 증오는 질적인 가치 절하, 특히 도덕적 비난을 전제하며, 또한 대상의 실존적 현전(세계 내의 힘이 됨)과 처신에 의해 개인적으로 그리고 불리하게 영향 받는 존재의 경험을 전제한다. 그것은 사실들의 구성에 의해 본원적으로 **암시되는** 적대 관계이다. 핵심적이고 통일적인 증오 행위는 스스로 부과하는 — 또는 유사하게 부과되고 수용되는 — 적개심에 대한 **헌신**이다. 증오는 두려움(놀람, 공포)이나 혐오보다 더 자유의지의 기미를 함축하고 있다. (내가 믿기로, 좋아함, 즐김, 또는 기뻐함과 대조적으로 일부 사랑의 태도와 심지어 사랑에 빠짐 또는 사랑함에도 그러한 자유의 요소가 있다.[7])

증오는 반드시 도덕적 악, 즉 도덕적으로 사악한(현존재와 관련되는, 즉 실존적으로 눈에 거슬리는) **무언가**로 경험되는 것을 향하는 도덕 감정인가? 나는 감히 긍정하는 쪽에 확실한 대답을 말하지는 않겠지만, 그쪽으로 마음이 기울어져 있다. 물론 증오 없는 도덕적 비난이 가능할 뿐만 아니라[예를 들어, 어떤 의미에서 우리는 네로(Nero)나 보르지아(Borgias)를 증오하는가?], 대립하고 있는 악한 상대가 고결한 적을 미워해야 하는 것도 가능하며, 그에게 불편함, 좌절감, 위협감을 느끼기만 하는 것도 아니다. 그러나 이러한 반론은 지향적인 것이 실재 대상과는 크게 다를 수 있다는 것을 상기함으로써 상당 부분 상쇄된다. 증오는 허울뿐인 옳고 그름의 개념과 결부될 수도 있다. 1914~1918년 동안 나에게는 믿기 어려워 보였지만, 동맹국(Central Powers, 제1차 세계대전 중 연합국의 반대 진영에서 공동으로 싸웠던 국가들로 독일, 오스트리아, 헝가리, 불가리아, 오스만 제국 등을 포함한다 – 옮긴이) 지역의 많은 사람이 **그들의** 대의명분이 선한 것이었고, 연합국의 대의명분은 악한 것이었다고 진정으로 확신했었다는 것을 주목하지 않을 수 없다. 더 지적이고 더 부패한 소수는 '통상적'인 '부르주아' 도덕은 다른 종류의 보다 진정한 '도덕적 결정'에 의해, 용솟음치는 '활력'의 신적인 우월성에 의해, '역사의 논리'나 그와 유사한 황설(荒說)에 의해 단호하게 제거되어야 하는 헤어[Hare, 리처드 머빈 헤어(Richard Mervyn Hare, 1919~2002)는 옥스퍼드 대학교에서 도덕 철학 교수로 재직한 영국의 도덕 철학자이다 – 옮긴이] 교수의 '인용 부호 안의 도덕'에 불과하다고 가르치는 좀 더 최근의 전체주의 궤변을 가지고 이미 장난치고 있지

---

7   저자의 본문 주석: "그러나 증오의 측면에서는 자유 – 의지적 요소 – 의 과잉".

만 말이다.[8] 그러나 어떤 비열한 범죄자라도 형사나 검사를 '극악무도한 간섭하는 참견자'로서 또는 어쩌면 '부정한 이익'과 같은 것을 보호하겠다고 맹세한 용병으로서 쉽사리 증오하게 될 수 있다. 즉, 그에게 구체화된 도덕적 반가치를 부여하는 것이다. 일반적으로, 악당들이 사용하는 증오의 언어는 도덕적인 언어(그리고 적당히 저속한)인 경향이 있다. 경멸할 만한 질투의 악덕에 심각하게 사로잡힌 사람들은 자신들보다 더 운이 좋은 이웃들(그리고 더욱더 경쟁자들)을 '부정의'의 수혜자로서 증오하기 쉽다고 널리 알려져 있다. **악의에 찬 질투**는 아무리 정당화되지 않을지라도 분개를 의미한다고 말하고 싶다. 나는 질투심 많은 연인이, 자신의 관심 대상에 의해 **차인** 것이 아니라 그 여성이 단지 다른 사람 때문에 그를 거절했을 때, 실제로 그의 성공한 경쟁자를 증오할 수 있다는 것을 믿는 데 어려움을 표현한 바 있다. 그러나 버나드 윌리엄스 교수는 내가 극도로 이성적인 사람 — 지나친 이성주의자, 즉 철학자임에 틀림없다고 엄중하게 지적했다. 나는 여기서 당혹감을 느꼈음을 고백한다.

증오의 지향은 의구심이 많고, 공격적이며, 추진력이 있다. 증오는 대상의 유한성에 주목하면서, 그러한 대상뿐만이 아니라 그 대상의 세계 내 실존적 지위에 침범한다. 말하자면, 세계는 '우리 둘 모두를 붙잡기에는 너무 좁은 장소'이다. 자신의 안전에 대한 우려에 매몰되지 않고 또는 증오 대상의 역겨움에 대한 생각에 잠기지 않으면서, 증오하는 자는 아무리 효과적이지 않거나 절망적이더라도 우주의 형성에 참여를 요구하는 자이다. 이것이 증오가 조건 측면에서 독특한 긴장과 집중의 흔적을 갖게 하는 것이며, 두

---

8 저자의 본문 주석: "제2차 세계 대전: 도덕적 가식을 꾸며대기 어렵다. 독일 쪽에 대한 부족한 증오".

려움과 혐오(그리고 분노, 짜증, 또는 지루함과 같은 많은 다른 감정) 각각의 조건들보다 자율적인 묘사가 훨씬 더 쉽지 않은 이유이다.

7 회피 감정들의 비대칭성 또는 범주적 자율성

일부 일반적인 묘사가 좋아함, 사랑함, 갈망함, 탄복함, 승인함, 인정함 등으로 이루어질 수 있다는 것을 부인하지 않으면서, 그 묘사의 대상들과 이러한 태도들이 연결된 다양한 활동에 대한 최소한의 언급만 가지고, 그리고 다른 한편으로는 내가 혐오의 대상에 대해 (증오의 대상에 대해서는 덜하지만, 두려움의 대상에 대해서는 최소한으로) 언급해야만 했다는 것을 받아들이면서, 우리가 인정할 수 있는 것은 훨씬 높은 수준의 추상적인 유형론적 특성화가 부정적인 것 및 기피 감정의 측면에서 가능하다는 것이다. 매력의 양식에 대해 유사한 묘사를 시도하려는 어떠한 프로젝트도 삶 자체를 묘사하도록 우리를 유혹할 것이다. 그것은 실제 대상과 가능한 대상의 다양성, 대상들이 자초하거나 가담한 활동의 종류들의 다양성에 철저하게 적응된 대상의 개별적 성질을 고려할 때, 우리의 대상과의 긍정적인 접촉, 우리의 대상과의 일치 그리고 대상과 결합하고 교감하려는 우리의 노력이 기능적이기 때문이다. 도피, (주저하는 시음의 결과로서) 반감, 그리고 (아무리 완화되었다 할지라도) 파괴의 삼각관계에 견줄 만한 어떠한 도식도, 심지어 유사하게 추상적이고 형식적인 양식을 몇 가지 더 추가하는 것이 가능할지라도, 우리의 찬성 태도 및 사랑 같은 관심의 무궁무진한 세계에 적용될 수 없다. 식욕과 특정 종류의 옷이나 가죽옷에 대한 욕구 사이의 차이는 특정 냄새에 의해 유발되는 우리의 혐오와 특정한 촉각적 인상에 의해 유발되는 혐오 사이의 차이보다 엄청나게 더 크다. 한 사물을 '사용'하려고 애쓴다는 것은 그 사물의 작용 범위에서 벗어나려고 하는 것보다 측량할 수 없을 정도로 더 다차원적이고 덜 선형적인 개념이다. 그리고 우정, 성적인 결합, 종교적 연합, 특정한 목표를 향한 협력, 한 사람의 동행이나 존재에 대한 자족적 즐거움 등 그 어떤 것도 억압과 반대의 명료한 의미에 들어맞는 아나로공(analogon, 장 폴 사르트르의 이미지론에서 정신 이미지의 고유한 질료가 되는 유사 표상물 —옮긴이)과 같은 어떠한 것도 제공하지 않는다. 우리가 서로에게 할 수 있는 가장 중요한 일은 서로를 죽이는 것이라는 홉스의 테제는 논쟁의 어지가 없다. 우리가 바랄 수 있는 것은 그것이 가장 중요한 단일한 것이고 우리가 서로에게 할 수 있는 가장 확고하거나 오히려 가장 확정적인 것이지만, 반드시 우리가 동료 인간들에게 할 수 있고 베풀 수 있는 그리고 그들로부터 받거나 부드럽게 얻어낼 수 있는 무한히 다양한 혜택보다 양과 중요성에서 더 중요하지는 않다는 것이다.

데이비드 위긴스(David Wiggins)의 후기

이 글은 콜나이가 1959년부터 1973년 사망할 때까지 교수로 있었던 런던의 베드포드 칼리지에서 철학과의 주간 세미나를 위해 아마도 1969~ 1970년에 쓰였다. 1절 '서론'에 언급된 공원은 리젠트 공원(Regent's Park)이다. 세미나실 자체가 호수를 내려다보고 있었다. 이 논문은 콜나이 박사에게 「혐오(*Der Ekel*)」(*Jahrhuch für Philosophie und phänomenologische Forschung* X, 1929; reprinted Tubingen: Max Niemeyer, 1974)에서 처음 발전된 사상의 일부를 세미나에서 발표해 달라는 나의 요청에 따라 쓰였다. 프랜시스 던롭

(Francis Dunlop)과 브라이언 클러그(Brian Klug)가 편집한 『윤리, 가치, 그리고 실재(*Ethics, Value, and Reality*)』(London: Athlone/Indianapolis: Hackett, 1978)의 참고문헌 목록 226쪽을 보라. 이 책은 버나드 윌리엄스와 내가 쓴 콜나이에 대한 전기적 개요와 철학적 평가도 담고 있다. 이 논문의 텍스트는 킹스 칼리지(King's College)의 콜나이 아카이브에 보관된 원고의 편집본이다. 이 원고에 대해서는 『윤리, 가치, 그리고 실재』의 237쪽을 보라. (베드포드 칼리지의 철학과는 1980년 초반 학과 재편성의 일환으로 킹스 칼리지 철학과와 합병되었다.)

첫 번째 각주는 자전적인 울림을 주고 있다. 콜나이의 가장 유명한 작품으로 독일 국가 사회주의의 교리와 정치적 뿌리에 대한 포괄적인 비판인 『서구와의 전쟁(*The War Against the West*)』(London: Gollancz/New York: Viking Press, 1938)이 오스트리아 나치가 자주 드나드는 비엔나 카페에서 쓰였다. 이와 관련된 생각들은 프랜시스 던롭이 편집한 『유토피아적인 마음과 다른 논문들(*The Utopian Mind and Other Papers*)』(London: Athlone, 1995)에서 찾아볼 수 있다.

〔콜나이의 철학적인 회고록인 『정치적 회고(*Political Memoirs*)』는 프란체스카 머피가 편집하고 요약하여 출판했다(Lanham: Lexington Books, 1999). 프랜시스 던롭은 콜나이의 전 생애와 저작에 대해 서술한 『아우렐 콜나이의 생애와 생각(*The Life and Thought of Aurel Kolnai*)』(Aldershot: Ashgate, 2002)을 썼다.〕

찾아보기

옮긴이의 글

　『혐오의 현상학』은 '혐오시대, 인문학의 대응' 아젠다 연구를 수행하고 있는 숙명여자대학교 인문학연구소 인문한국플러스(HK+) 사업단의 학술연구총서 시리즈 가운데 네 번째 책으로 출판되는 번역서이다. 이 책은 배리 스미스(Barry Smith)와 캐롤린 코스마이어(Carolyn Korsmeyer)가 아우렐 콜나이(Aurel Kolnai, 1905~1973)의 두 작품을 담아 펴낸 *On Disgust*(Open Court, 2004)를 우리말로 옮긴 것이다. 콜나이의 두 작품 중에 첫 번째 글인 「혐오」는 1929년에 독일어로 작성되었으며 후에 영어로 번역되었다. 두 번째 글인 「회피 감정의 표준 양식: 두려움, 증오, 그리고 혐오」는 1973년에 영어로 작성되었다. 콜나이의 두 글을 엮고 옮긴이들은 자신들의 긴 서문을 함께 담아 '혐오에 대하여'라고 제목을 붙였다. 사실상 사후에 철학적 명성을 얻게 된 콜나이의 전체적인 지적 작업을 현상학 안에만 가둘 수 없겠으나, 그의 혐오에 대한 접근은 프란츠 브렌타노(Franz Brentano), 에드문트 후설(Edmund Husserl), 그리고 뮌헨학파의 대표적인 인물 막스 셸러(Max Scheler)를 지적 배경으로 하지 않고서는 읽을 수 없기에 우리말 번역본의 제목을

『혐오의 현상학』으로 정했다. 독자들은 이 책을 통해 철학의 지평에서 아주 오랫동안 무시되어 왔던 '혐오' 주제에 대한 가장 고전적인 철학적 논의, 보다 구체적으로는 현상학적인 논의를 만나게 될 것이다.

나는 이 책을 옮기기 전에 혐오 연구의 기본서라 할 수 있는 윌리엄 이언 밀러(William Ian Miller)의 『혐오의 해부』(1997/2022)를 우리말로 옮겨 출판했다. 스미스와 코스마이어도 인정하고 있듯이, 콜나이의 선구적인 혐오 논의는 밀러가 『혐오의 해부』에서 시도하는 혐오에 대한 많은 서술 – 특히 밀러가 고안한 용어인 '생명 수프'로써 혐오스러운 것들에 대한 서술 – 을 예시하고 있다. 콜나이가 널리 알려지지 않았던 철학자임을 상기한다면, 밀러의 책의 참고문헌 목록에서 콜나이의 작품을 발견할 수 없는 것은 이해할 만한 일일 것이다. 그러나 두 학자의 책에서 놀랍도록 같은 혐오에 대한 통찰 – 감각과 혐오의 관계, 혐오스러운 것들에 대한 묘사, 도덕적인 혐오로의 확장 등 – 을 발견할 수 있는 것은 어쩌면 콜나이보다 한참 뒤에 글을 쓴 밀러의 지적인 태만함과 동시에 밀러보다 훨씬 앞서서 혐오에 대한 세밀한 논의를 펼쳐낸 콜나이의 지적인 탁월성을 드러내는 것이라 할 수 있을지도 모르겠다.

곧 상황은 바뀌었다. 혐오에 대해 폭넓게 또한 집중적으로 논의하는 모든 이들이 이제 콜나이의 독창적인 작업을 매우 중요하게 다루고 있다. 몇 개의 사례만 들자면, 빈프리트 메닝하우스(Winfried Menninghaus)의 『혐오: 강한 감정의 이론과 역사(Disgust: Theory and History of a Strong Sensation)』 (1999/2003), 수전 밀러(Susan B. Miller)의 『혐오: 게이트키퍼 감정(Disgust: the Gatekeeper Emotion)』(2004), 콜린 맥긴(Colin McGinn)의 『혐오의 의미(The Meaning of Disgust)』(2011), 캐롤린 코스마이어의 『혐오 음미하기(Savoring Disgust: The Foul and the Fair in Aestehtics)』(2011)에서 콜나이는 혐오 연구에서 일찍이 놀랍도록 세밀한 논의를 펼친 철학자로 소개되고 있다. 이로써 콜나이의 글을 우리말로 옮겨야 할 필요성과 가치는 충분히 증명되었으리라고 생각한다. 콜나이의 글을 옮기는 과정은 쉽지 않았다. 하지만 특별히 1929년에 완성된 「혐오」를 번역할 때, 나는 콜나이가 지향적 감정으로서의 혐오, 혐오 대상의 특성, 감각과 혐오, 두려움과 같은 다른 부정적 감정과 혐오의 관계 등을 논의하는 부분에서 그의 창조성에 실로 감탄할 수밖에 없었다. 그리 길지 않은 분량의 책이므로, 혐오의 시대를 통과해야겠다고 여기는 독자들은 이 책을 통해 오랜 시간을 투자하지 않더라도 혐오의 세계를 세밀하게 그려 보여주는 콜나이의 놀라운 능력을 관찰하게 될 것이다.

이 책을 옮기면서 도움 받은 분들에게 감사의 마음을 전하고 싶다. 먼저 현상학자인 박승억 교수는 현상학의 중요한 용어인 'Dasein'과 'Sosein'을 우리말로 어떻게 옮겨야 할지 고민할 때 중요한 가이드라인을 제공해 주었다. 일대일로 상응하는 번역어를 제안하기보다는 각 개념이 가진 함의를 자세히 풀어주어서 내가 옮김말을 최종적으로 선택하는 데 훨씬 더 신중할 수 있었다. 그뿐만 아니라 독일어에서 영어로 번역된 글 가운데 문장의 뜻을 명확히 알기 어려울 때 박승억 교수에게 독일어 원전의 해석을 문의했고, 문의할 때마다 박 교수는 상세한 설명과 함께 좋은 번역 제안을 해주었다. 예를 들면, *Zuständlichkeit*가 영역본에는 conditionality 또는 형용사 형태로 전환되어 conditional로 옮겨져 있었는데, 이 단어를 흔히 번역하듯이 '조건적'이라고 옮길 수는 없었다. 왜냐하면 *Zuständlichkeit*는 "어떤 상태에 처해 있음"을 뜻하는 개념어로 많이 쓰이기 때문이다. 물론 우리말로 옮긴 글에 있을 수 있는 오류는 전적으로 번역자인 나의 몫이다. 또 감사의 마음을 전해야 할 분이 있다. 콜나이가 「혐오」의 마지막 부분에서 인용하는 프란츠 베르펠의 시 「예수와 썩은 고깃덩이의 길」을 번역하는 데 영문학자인 김혜윤 박사가 도움을 주었다. 나는 문학적 감수성도 부족할 뿐만 아니라 시를 옮겨본 경험도 없었기에 영문학 전공자의 솜씨를 빌렸다. 마지막으로 이 책이 나오기까지 섬세하게 애써준 한울엠플러스(주) 편집부의 조인순 팀장에게 감사의 마음을 전한다. 조인순 팀장은 촉박한 출판 일정에도 불구하고 빠르게 그러나 꼼꼼하게 편집을 진행해 주었다.

2022년 가을에

하홍규

엮은이

배리 스미스 Barry Smith

배리 스미스는 뉴욕 주립대학교 버펄로(University at Buffalo)의 철학과 석좌 교수로서 국립 온톨로지 연구센터(National Center for Ontological Research)의 디렉터이다. 그의 이론적이고 응용적인 온톨로지 연구는 분자생물학과 인공지능에 이르기까지 다양한 분야에 기여하고 있다. 주요 저서로는 *Structure and Gestalt*(1981), *Austrian Philosophy*(1994), *The Mystery of Capital and the Construction of Social Reality*(2015, 공저), *Why Machines Will Never Rule the World: Artificial Intelligence without Fear*(2022, 공저) 등이 있으며, *The Cambridge Companion to Husserl*(1996)의 공동 편집자이다.

캐 롤 린 코 스 마 이 어 Carolyn Korsmeyer

캐롤린 코스마이어는 뉴욕 주립대학교 버펄로(University at Buffalo)의 철학과 명예교수이며, 전문 분야는 미학과 감정 이론이고, 소설을 쓰기도 했다. 미국 미학협회 회장을 역임했다. 주요 저서로는 *Gender and Aesthetics: An Introduction*(2004), *Savoring Disgust: The Foul and the Fair in Aesthetics*(2011), 『음식 철학: 맛의 의미, 페미니즘과 어떻게 연결될까(*Making Sense of Taste: Food and Philosophy*)』(2014), *Things: In Touch with the Past*(2018) 등이 있다.

지은이

아 우 렐 콜 나 이 Aurel Kolnai

아우렐 콜나이는 사후에 더 인정을 받게 된 도덕철학자요 정치철학자이다. 헝가리 부다페
스트에서 태어났으나, 빈으로 옮겨 교육을 받았고, 스페인과 포르투갈, 미국을 걸쳐 최종적
으로 캐나다로 이주하여 퀘벡시에 있는 라발 대학교(Laval University)에서 철학을 가르쳤
다. 이어 영국 런던 대학교의 베드포드 칼리지(Bedford College)에서 방문 교수로 가르치
기도 했다. 주요 저서로는 The War Against the West(1938), Ethics, Value and Reality
(1977), The Utopian Mind and Other Papers(1995) 등이 있다.

옮긴이

하 홍 규

연세대학교 사회학과에서 학사 및 석사학위를 받고, 미국 보스턴 대학교 사회학과에서 박
사학위를 받았다. 현재 숙명여자대학교 인문학연구소 HK 연구교수로 일하고 있다. 사회이
론과 종교사회학이 주 전공 분야이며, 현재 문화사회학, 감정사회학을 바탕으로 혐오 연구
에 전념하고 있다. 주요 저서로『피터 버거』(2019),『감정의 세계, 정치』(2018, 공저),『공
간에 대한 사회인문학적 이해』(2017, 공저),『현대사회학 이론: 패러다임적 구도와 전환』
(2013, 공저) 등이 있으며, 주요 논문으로「냄새와 혐오」(2021),「탈사회적 사회의 종교: 자
기만의 신, 신으로서의 개인」(2021),「종교 갈등과 감정 정치」(2021) 등이 있다. 주요 역서
로『혐오의 해부』(2022),『사회과학의 방법론: 사회적 설명의 다양성』(2021),『종교와 테
러리즘』(2020),『모바일 장의 발자취』(2019),『실재의 사회적 구성』(2014)이 있다.

한울아카데미 2409
숙명여자대학교 인문학연구소 HK + 사업단 학술연구총서 04

혐오의 현상학

ⓒ 하홍규, 2022

엮은이 | 배리 스미스·캐롤린 코스마이어
지은이 | 아우렐 콜나이
옮긴이 | 하홍규
펴낸이 | 김종수
펴낸곳 | 한울엠플러스(주)
편 집 | 조인순

초판 1쇄 인쇄 | 2022년 12월 11일
초판 1쇄 발행 | 2022년 12월 15일

주소 | 10881 경기도 파주시 광인사길 153 한울시소빌딩 3층
전화 | 031-955-0655
팩스 | 031-955-0656
홈페이지 | www.hanulmplus.kr
등록번호 | 제406-2015-000143호

Printed in Korea.
ISBN 978-89-460-7410-1 93330

※ 책값은 겉표지에 표시되어 있습니다.

※ 이 저서는 2020년 대한민국 교육부와 한국연구재단의 지원을 받아 수행된 연구임
(NRF-2020S1A6A3A03063902).